一望三

寻访全国的三省交界

阿坚 —— 著

中国科学技术出版社
·北京·

图书在版编目（CIP）数据

坐一望三：寻访全国的三省交界 / 阿坚著. -- 北京：中国科学技术出版社，2024.4
ISBN 978-7-5236-0215-7

I. ①坐… II. ①阿… III. ①游记—中国 IV. ① K928.9

中国国家版本馆 CIP 数据核字（2023）第 072958 号

策划编辑	鞠 强
责任编辑	鞠 强
特约编辑	张 金
封面设计	成思源
装帧设计	中文天地
责任校对	吕传新
责任印制	马宇晨

出 版	中国科学技术出版社
发 行	中国科学技术出版社有限公司发行部
地 址	北京市海淀区中关村南大街16号
邮 编	100081
发行电话	010-62173865
传 真	010-62173081
网 址	http://www.cspbooks.com.cn

开 本	880mm×1230mm 1/32
字 数	140千字
印 张	8.75
版 次	2024年4月第1版
印 次	2024年4月第1次印刷
印 刷	河北鑫兆源印刷有限公司
书 号	ISBN 978-7-5236-0215-7 / K·360
定 价	58.00元

（凡购买本社图书，如有缺页、倒页、脱页者，本社发行部负责调换）

推荐序一

陈嘉映

首都师范大学燕京人文讲席教授
浙江大学城市学院钱塘特聘教授

我在给大踏[①]的很多书写的书评或序中都说过类似的话，我们两人对待写作的态度明显不同，他喜欢到处跑，走到哪里就写到哪里，而我喜欢待在书房里，更多的是静思写作。以前我们还为此争论，现在我越来越钦佩他了，似乎他更符合行之于途而应于心。

人感觉和认知世界的方式多种多样，但最重要的是自我认知。大踏是一位诗人、旅行家，更是一位思想者，他数十年如一日坚持自己独特的生活和思考方式，已经形成规模，

---

① 即本书作者阿坚。——编者注

自成一派。

他在二十几岁时就跳脱生活常轨，至今四十余年，行走万里河山，随走随写。走和写都随兴，却也时不时自定一个小目标，例如北京境内千米以上山峰、全国各个三省交界点。就用这样的题目，集成一本一本小书，颇受读者喜爱。这世界变化快，大踏写下的这些文字，亦不妨视作对过往世界的一个纪念。

推荐序二

空错

蒙坚叔错爱，五年前嘱我为他的三省交界（下文简称"三交"）文稿写序。第一次读，心有旁骛，未能入卷。时隔两年再读，渐入佳境，作序《不迎也不拒》。此番复读，深感本书之妙，故重写序语。

文如其人。要读懂一本书，较好的方法是先理解作者，并探究他为何以及如何写书，而后反思自身，去遮蔽，明视域，将书中知识见解化为己用。

阿坚是传奇人物，青年时期就经历过大事。他是诗人中的旅行家，或旅行家中的诗人，办过《啤酒报》，走过全国大多数县市。20世纪80年代初，他开始玩户外，爬北京千米以上山峰，暴走京津冀野长城，当青藏科考大厨，在三省交界处旅行，遍访中国古塔，等等。我曾请他用几个字概括自己，答曰："朋友、啤酒、女人、坚持、走。"

阿坚爱走路，三交之旅，走走停停，时断时续，前后20多年。他选三交为题，我猜原因有三：一是他身上携带着"玩前人之所未玩"的基因，三交是个冷门选题，全国上下似乎还找不到如此玩家，他做了开创者；二是玩三交要花很多时间，项目执行期足够长，可以遍历大江南北，不至于闲下来无所事事；三是有了这个"雄心壮志"的计划作为借口，更能鼓动朋友加入，一起寻僻静处吟诗喝酒。用他自己的话说，访三交是次要的，老友聚玩才是给三交添彩。

阿坚的三交玩法有后现代主义色彩。常人旅行，不论参观或考察，都会有具体的目标和地点。而阿坚他们的旅行却非常随意，经常没有具体的规划，常常会在碰面后，通过游戏确定目的地，再投票选出千奇百怪的玩法前往。除了走路（走上几十千米）、骑车外，有时会跑马拉松、打赤脚、蹬三轮、踩滑轮过去，总之，尽量不让自己的身体闲着。一路多穷游，吃腌臜小馆，住民工小店。寻到三交碑后，就往碑顶掷骰子，骰子落到哪个省，"省代表"就要喝口酒，或喝三个省的酒，或抽三个省的烟，或把身上的财物埋在附近，再广而告之，吸引旁人去找。如果朋友的老家恰在附近，他们定会来个"抄家之旅"。他牵头成立的"后小组",开创了数十近百种玩法,如沉默之旅、走运之旅、自卑之旅,总之,尽量不让自己依着惯性活着。外人乍看,就是一群瞎折腾的疯人,但若将这个现象进行抽象加以提升,倒有了些"存在先于本质"的哲学味。

阿坚有边旅行边记录的习惯,走到哪儿就记到哪儿,事无大小,只要目击耳闻,便会记下。这风格和明代人文地理旅行家王士性在《广志绎》中的自叙相似:"余言否否,皆身所见闻也,不则,宁阙如焉。"几年前出版的《北京千米以上山峰手册》,便是他多年登山笔记的汇总成果。这本三交雄作也不例外,也算即时田野笔记。我很怀疑他是否对此生所历都做了记录,听说他还有一部作品,取名《朋友词典》,连友人事迹都要编写,叫人啧啧称奇。

阿坚的日记,体例独特,自成派系。看似流水账,实则信息量极大,言简意赅,用词造句相当克制。不做资料汇编,不为迎合他人,亦不发个人感慨。他不与你讲道理,只与你谈现象,谈身边那些未经人为编排的小事实。实然,这些小碎片,才是现实生活,才是世界的本来面目。他说自己终生追求的文字是写说明文,不配照片又把情形说明白。在当下这个流行读图、小视频、讲故事的时代，做这样一位现象学作家，是一种境界，他能坚持自己的风格，很不容易。思想家阿伦特曾说，一旦事实真理丢失了，就没有什么理性努力能把它们找回来。我似乎看到阿坚弯下腰，拾起脚下的小碎片，递给了阿伦特。

陈嘉映教授说，阿坚在解构社会。读完这本书，我能感受到，他在用一种自创的小折腾，一一解构人生意义等宏大的问题，解构为同行的诸友、偏僻的县城、小店的啤酒、老乡的茶水，解构为一点一滴、实在又具体的当下。写到这里，赵州和尚浮现于眼前，对我说了句——吃茶去。

就是这些小折腾、小事实，最后汇成了这部百科全书式的著作。三交附近有趣的地名、风光、典故、人物，本书皆有涉及，读者朋友们完全可以把它当作旅游手册或资料库用。因为文字简洁，沿途见闻大多只是点到为止，没有展开，读者可按图索骥，深入发掘，遇到感兴趣的词眼就自行上网查找细节。这里我先出个小小考题：如果想看现实版的明朝男子发式和明式衣装，可去哪个三省交界处？答案就在书中。

除了当手册，此书还有他用，我愿传授自悟的打开方式。某天，若闲来无事，不妨在案头摆张全国地图，展开此书，放下心中任何挂念，即空空来也，入卷后，跟随作者的脚步视野，他写什么，你就看什么，与之同游，共观风景。文字幕布缓缓拉开，慢慢地，你会发现自己仿佛进入了一个新的世界，这就是阿坚构建的小世界，里面隐藏着很多小场景、小秘密、小惊喜，以及阿坚式的生活与自由。要想进入本书，一是内心要平和，不能着急，二是不能试图从书里找有用的东西，不然可能会像我第一次那样，迷失方向并被抛出。文字可幻化为具象，读书竟成了通向虚而待物、顺其自然的修炼之路，妙哉。

　　阿坚的旅行人生，让我自叹不如，身不能至，心向往之。我常问自己，为什么不能像他一样豁达随性。现在大概明白了，那是因为我放不下很多东西，放不下身边的物质，放不下世人的眼光，更放不下对生命意义的迫切追寻。人，就是向死而生。怎么生，各人各行其是。有些人，觉得生命有限，人生需做一番事业，便时刻计算着时间，天天和生命赛跑，把身边的每件事，包括旅行，都当作任务，好像人是为了完成任务而来到世间。反观阿坚，他永远有用不完的闲暇时光，无拘无束，在享受了九嶷山后，可以临时起意，继续暴走粤桂湘的大山，拜访南岭深处的瑶族。作为被时间束缚的上班族，就只能空有羡慕了。也许，只有踏进庄子所言的外天下、外物与外生之境界，才能跟得上阿坚的脚步。人生，或许就是观风景。

阿坚，这么一个大家不太能理解、即使理解了也学不会的人，没准是个先知先觉者，他把我们二十年后的玩法，先行玩了一把。在这个满是意义又活得匆忙的时代，我们确实很难实践这种富含形式内容但缺少目标任务的旅行。书中有位老乡的"灵魂拷问"，说出了很多人的心声："这有啥好旅游的，我知道你们是收古董的！"

目 录

说明 / 001

第一部分　概说中国的三省交界 / 005

1. 中国有多少个三省交界点 / 006
2. 三省交界处大多都有三省交界碑（桩）/ 008
3. 三省交界，啥意味呢 / 010
4. 革命老区为何多在三省交界处 / 012
5. "一脚踏三省"，其实这是虚荣心 / 014
6. 三省交界处的地理类型 / 016
7. 打卡三省交界碑渐成时尚 / 018

第二部分　寻访全国的三省交界 / 021

  1. 化石遍地的冀辽蒙三省交界点 / 022

  2. 东辽河岸的辽吉蒙三省交界点 / 026

  3. 异型碑的鄂豫陕三交点 / 031

  4. 烽火台侧的晋冀蒙三交点 / 036

  5. 大草甸上的吉黑蒙三交处 / 039

  6. 无人区深处的青藏新三省交界处 / 042

  7. 阿尔金山脊上的新甘青三省交界处 / 047

  8. 坐落于长城烽火台上的京津冀三省交界碑 / 051

  9. 旅游胜地的湘粤赣三交处 / 055

10. 一处有三块碑的京津冀三省交界点 / 060

11. 三交点是一口井的苏皖鲁三省交界处 / 064

12. 徒步南岭于湘桂粤三省交界处 / 068

13. 黄河故道湿地中的豫皖鲁三省交界点 / 073

14. 金沙江畔的川滇藏三省交界处 / 077

15. 麦地中的冀鲁豫三省交界点 / 082

16. 干涸河道中的晋冀豫三省交界点 / 086

17. 太浦河岸的苏浙沪三省交界碑 / 090

18. 黄柏山景区中的鄂豫皖三省交界点 / 095
19. 黄河岸上的晋陕蒙三省交界处 / 101
20. 风陵古渡边的晋陕豫三省交界处 / 105
21. 鄂湘渝三省交界处的野泅之旅 / 110
22. 皖浙赣三省交界处的大马拉松之旅 / 115
23. 赣粤闽三省交界处的赤足之旅 / 121
24. 骑车旅行经过甘宁蒙三省交界的腾格里沙漠南缘 / 125
25. 渝川黔三省交界处与诗人汉行行纪 / 129
26. 川青甘三省交界的旅游轶事 / 135
27. 赣闽浙三省交界处步行记 / 139
28. 黔渝湘三省交界处的轶事 / 143
29. 在鄂湘赣三省交界一带徒步 / 147
30. 三洲山顶的皖浙苏三省交界之处 / 151
31. 陕甘川三省交界一带的个人旅行记 / 155
32. 通天河、金沙江交接处的青藏川三省交界处 / 159
33. 湖泊众多的鄂皖赣三省交界处 / 163
34. 三岔河上的川黔滇三省交界点 / 167
35. 鸡心岭上的鄂渝陕三省交界点 / 172

36. 黄土高原上的陕甘宁三省交界处 /180

37. 南盘江上的黔滇桂三省交界点 /184

38. 毛乌素沙漠中的陕宁蒙三省交界处 /195

39. 大巴山上的陕川渝三省交界处 /199

40. 侗苗风情的黔湘桂三省交界处 /203

41. 京津冀的兴隆庄三省交界处 /214

42. 京津冀三省交界点的大岭后三角碑 /218

第三部分　附　　录 /221

附录一　全国三省交界点示意图 /222

附录二　全国有三个以上三省交界处的省份示意图（16幅）/225

附录三　专题图（3幅）/243

附录四　红军长征与几个三省交界处 /246

附录五　最难到达的青藏新三省交界处
　　　　——简述极限旅行家杨柳松穿越该处 /253

附录六　以河流为界的三省交界处 /258

后记 /262

说　明

1. 巡访三省[①]交界之文，我未见系统者、全面者，更未听说有专门之书，故我以个人之力先抛出粗构，以待同好增补而求翔实地道。

2. 三省交界点或三省交界处，书中有时简写为"三交点"或"三交处"，一个意思，但后者范围稍大。

3. 旅游时代，还有什么新鲜实惠的可玩吗？三省交界之游，以其地理、人文之微妙，渐成热点，不再是"驴友"的专项。旅游书册如云，唯缺此类，本书愿先大致向导一下。也许有人写了同类的书而我不知。

4. 我走访三省交界约20年，粗略走过全国所有的三省交

[①] 本书中提到的"省"，泛指省级行政区，包括省、自治区和直辖市。——编者注

界处（包括阿尔金山无人区），笔记好几十万字。在此择摘出与三省交界处直接相关的数万字，绝非资料汇编，而主要是实地见闻和即时的田野笔记。它归旅游类，亦偏博物类，不含有地理、民族、历史、行政等专业眼光。

5. 每一节均配上三省交界处的手绘图，便于读者一下抓住要点——三个省的三个相邻之县，甚至镇与村。也为欲全面了解的人，在正文后附上 16 幅有三个以上三省交界处的省份示意图，以及专题图 3 幅。手绘图均为当年草草绘制，仅为示意，绝非严格意义上的地图，既无图例，比例也失真，还请读者谅解。同时，图上有若干错字，如把"廊坊"写成"廊房"等，为保持原貌，未加更正，也请读者见谅。

6. 本书不配照片，主要是希望本书朴素、轻便、低价。再者上网搜图很容易。另外，我爱写说明文，不配照片又把情形说明白了，是我终生追求的目标。

7. 本书各节长短不均、简繁无矩，也因最初记录时没确定格式，而再去访记也颇麻烦，但定稿前我尽量去补查薄弱之处。文中不乏个人偏爱，如烟酒价位、私谊嗜好等，也算为行笔排遣枯燥。某些信息是 20 年前的，已陈旧，姑且算替历史地理留照，便于今人对比。

特别是我国各级行政区域众多，区划常变，时有更名，因此本书在出版之际，虽力求附上新名，但也难免有疏漏。

8.我爱收集地图、县志，更爱走路并记下见闻。所以，此书主要是体力劳动，无须思想才华。体力有限，劳动就会偷懒，这瞒不过专玩三省交界处的人，故期待指正。任何三省交界处的某个老人都可能是我的某课老师。我选的课太多了，所以在民间，有关巡走三省交界处，不知有没有像我这样的人——我都走瘸了，活该。

第一部分 概说中国的三省交界

1
中国有多少个三省交界点

有多少个呢？若现在告诉你，就没意思了。你可以自己去数，也可以让亲友去数；你若数学好，也许用公式、定理能推出大概数目。

中国有23个省，而台湾和海南是岛，没有与他省交界——以后填海或修了跨海大桥再说。中国有4个直辖市（较新的是重庆），也是省级行政区，其与他省交界也算省界。不要小看直辖市重庆，它的面积（8万多平方千米）比宁夏、台湾、海南都大。中国有5个自治区，也是省级行政区，与他省交界也是省界。中国还有2个特别行政区，却只分别与广东相邻，故谈不上三省交界。所以，中国有多少个三省交界点，似乎就不那么难算了。

有多少个呢？我先是掰着我们全家的手指头数出来的；后来，又几乎是走出来的。让我先告诉你美国有多少个三州交界点吧。美国有 50 个州，但除了三州交界点，也有若干个四州交界点——在地图上看就像一个十字（经纬线），那么在每一个四州交界点上有几个不同的三州交界点呢？4 个呗。所以美国的三州交界点就多了去了。中国没有四省交界点——我指严格意义上的四省交界点。皖鲁豫三省界点与皖鲁苏三省界点，挨得再近，距离也有一二十千米呢。嗓子再好的公鸡，也难鸣这四省。

但中国有的省有飞地，如河北的一小块飞地，包括香河县、大厂回族自治县和三河市，正嵌在京津之间，故又增加了三省交界点的变数。像河南淅川的一小块飞地独于湖北的郧县之中，倒形不成三省交界点。直辖市重庆的设置，你猜让三省交界点增加了多少——重庆与陕西、湖北、湖南、贵州、四川接壤。地图上数还算容易，若都去亲自看就麻烦了——希望我寻访三省交界的速度能跟上祖国新置直辖市或省的速度。

2
三省交界处大多都有三省交界碑（桩）

严格来说，寻访三省交界，应该到达三省交界点上——它是有经纬度和相应的标志物的。中国的三省交界标志物，大多都是三省交界碑（桩），一般是三角柱型，其上镌刻相邻三省的全称或简称，并"国务院"和年月日。但有的三省交界点是在河道中，如滇川桂的三省交界点，无法立碑，也没见"漂浮碑"——那是一个三江口，可以一猛子扎进三交点，我就差点儿尝试。

皖鲁苏的三省交界点，是一口井，也叫三省井。井台侧壁分书三省名，井上后来添了一座小亭。喝一口这井里的水，等于饮三省之水。鄂豫陕的三省交界碑，是一块锥状三角石——设计者可能是有意的，怕人一脚踏稳了；其实以前的三棱柱碑加檐挺大方的。大多三省交界碑都是三角柱，顶端是平的，露出地面一般不到1米，材质为水泥或当地石材。

我没去过藏新青、藏新甘的三省交界点，仅去过距两处交界点最近的县域，故不知道这两个三省交界点立的是什么。前者在阿尔金山无人区和可可西里接壤处——我最多就到过阿尔金的阿其克库勒湖，后者在当金山口以西——我最多就到过那附近的矿区。但我听说国务院有个勘界小组搞过青海与新疆的界桩安置，那么应该有两块界碑在不同的三交点上。

鄂豫皖的三省交界点，我没找到，估计那里可能有块三省界碑，但我们在三交处的黄柏山或狮子峰听当地人说，没有碑，那个山头叫三不管。这我不太信，但当时脚疼得爬不上去了，否则我免费替国务院立一块。

3

三省交界，啥意味呢

不少的省界都以明确的地理形势划分，如山脊、河道；也有以大型人工建筑划分的，如长城、运河。于是，不同者从气候到物产，从饮食到习惯。

不少省界是古时诸侯国的国界，如齐鲁之隔的泰山，如秦晋之隔的黄河；或是农耕民族与游牧民族的边界，如晋蒙之隔的长城。于是，不同者从语言文化到风俗日常。

不少省界划分了主要民族的不同，于是，不同者从宗教信仰到血缘种族。

三省交界往往辐射出不同的语言或方言、婚风或殡仪、五官或肤色、好恶或忧喜、信仰或禁忌。

于是，除了人烟稀少处，大多的三省交界处就成为其中一省与另外两个邻省的较方便的经济交换处、文化沟通处、风俗融汇处。比如，不少三省交界处方言模糊，抑或是以经济好的省的方言为主导；再比如，不少三省交界处三省通婚率较高、民居建筑特色类似、疾病种类类似。过去的三省通衢，如今的三省大市场，让不少能者辐辏在三交的至高点上；当然也有相反的例子，比如过去有案犯逃到三省交界处，趁三省协调未衡之时便有了喘息之机。

4
革命老区为何多在三省交界处

第一次国内革命战争后的黄麻起义，就在鄂豫皖三省交界处；抗日战争时的革命圣地延安，就在陕甘宁三省交界处；解放战争时在华北战场发挥重大作用的晋察冀边区（"察"为当时的察哈尔省，省府一度在张家口）也是在三省交界处。

三省交界处，多是地理条件恶劣、经济环境薄弱的地带，那里交通不便、工商欠缺，行政亦难以彻达——所谓"三不管"地区。这符合党的到农村开辟革命根据地、"以农村包围城市"的战略方针。

两省交界处的革命老区就更多了，最典型的就是湘赣交界处的井冈山。

今天，去不少三省交界处旅游，就像是去接受革命传统教育。比如鄂豫皖三省交界处的红安县（原名黄安县）出过百位将军，金寨县也出过七八十位。当然，这些地方地处深山，森林覆盖率高，已成为人们向往的旅游区——当年革命闹得最大的山区，就是现在风景最佳的景区。比如粤湘赣三省交界处的南岭地区，1949年以前是粤北游击队和赣南游击队的根据地，那里山荒路险，易守难攻。那里的万时山，现在修了旅游公路，建设了星级酒店，那块三省交界碑也成了著名景点。

所以，一说去革命老区旅游，有的人脑子里首先蹦出的是"红色""党史"，但略知历史的人则知那绝不是桂林那样的小风景或杭州那样的软风景，而是坚硬的视野和大气的风物。

5

"一脚踏三省"，其实这是虚荣心

小人物或有大野心，其实是虚荣心，是鲁迅说的精神胜利法。当然，虚荣心中的光荣部分，能够平衡一个人的委屈、失落、忧戚。比如你只是某个省的一个普通人，但今天一脚踏在三省交界处的标志上，竟然有扬眉吐气的感觉。

我知道几个三省交界处的旅游点，为迎合游客心理，打出"脚踏三省"的招牌，让游客花不了太多钱就能跺一跺三省。旅游嘛，就是花钱寻开心——那把椅子，将军坐过，那我也坐坐；那棵松树，领导合过影，那我也合个影；三省交界碑自然也可以有类似的玩法。

我和几个朋友，在一个三省交界碑那里，掷色子罚酒，每人代表一省而喝,那色子砸上碑端跳起后又落向了某省的一域,于是有人大笑而罚喝,像是赏喝的表情。

我和朋友早就想拿三省交界碑做些好玩的活动。比如去淘些40年前各省的粮票(粮票作废以前,各省有各省的粮票),在三省交界点展示或拍卖;比如提前练好这次选择的三省的方言,在三交点以三种方言说一句话;比如三个小组从三个省向同一个三交点进发而会师。还有人出过偏浪漫的主意,但不太好操作。总之,三省交界处,可开发的玩项很多,但现在国内玩三交的玩得都较简单。

6

三省交界处的地理类型

位于平原的,如农地中的冀鲁豫三交碑,如街巷中的鄂豫陕三交碑,如国道边的京津冀三交碑(此指安平镇附近的三交点,京津冀另还有小甸屯附近、大岭后附近和红石门附近的三个三交点),如铁道边的蒙吉辽三交碑,等等。

位于草原或荒甸的,如蒙吉黑三交点。

位于沙漠或荒地的,如蒙陕宁三交点。

位于河道中的,如长江中的鄂皖赣三交点、太浦河上的浙沪苏三交点、南盘江上的滇桂黔三交点、赤水河上的滇黔川三交点,等等。

位于山顶的,如蒙辽冀三交碑、京津冀红石门附近的三交碑、粤湘赣三交碑、鄂豫皖三交点。

位于长城上或其附近的，如位于长城根的蒙晋冀三交碑（但附近的新国道边还有一块更新的三交碑），红石门附近的位于山脊上的长城烽火台顶的京津冀三交碑，位于长城侧、黄河畔的蒙陕晋三交碑。

位于黄河故道半沼泽处的鲁豫皖三交碑。

位于阿尔金山无人区和可可西里无人区结合部的藏新青三交点。

以上仅是举例说明。可以发现，三交点多是在地理明显分别处，或以山顶或山脊为界，或以河道为界。像鄂豫陕的三交碑在白浪镇、黔湘桂的三交处在独侗镇北的三省街这样三交点在人们聚居处的情形是少见的。

划界当然界定了归属，比如草场、林产、矿产，甚至古迹，所以同界的两省或三省难免有过界属的纠纷，甚至发生过私自挪界、毁界的事情，有的事闹大了，得直接由国务院的勘界部门来会同商处。

7
打卡三省交界碑渐成时尚

我知道有不少人走过三省交界甚至三区交界，这比走三个国家的交界点要便宜多了，也容易多了。但我不知有谁系统地走过中国的三省交界——古代的徐霞客没有，当代的余纯顺、刘雨田也没有。当然，国土部门、地理研究单位中从事相关工作的人不算。未见《中国的三省交界》这本书，而《中国的三省交界图册》（每相交的三省一幅，含相邻三省各三县及各三个最近居民点等），若无能人勘访并绘制，就别怪我笨鸟先飞了（最终成果就是本书）。

寻访三交碑快成时髦了，甚至收藏过期作废的三交碑（如北京原来的西城、东城、宣武三区之间的三交碑）已有人抢先了。三省交界碑如果远，可以从三区或三县交界碑访起，比如北京荇福山望京楼南侧就有石景山、门头沟、海淀的三区交界碑，也是国务院立的碑。北京平谷、天津蓟县、河北兴隆之间的三省交界碑，爬野长城时没准就能撞见。

玩一处三省交界处不难，就像登一座名山不难。"这山望着那山高"，寻访一个三交处后，多半会惦记着下一个，就像登高望远也是上瘾的。"坐一望三"，已占了两个便宜；那么接二连三呢，就三三得九了，值。

第二部分 寻访全国的三省交界

1
化石遍地的冀辽蒙三省交界点

想起2003年去找冀辽蒙三交碑最有意思的事,是在必斯营子附近骑着骑着,我的自行车把突然断了,差点闪我一跟头。那车是在北京农民工常光顾的旧车摊上买的,架子是仿越野型的,即车座车把相距长而车把像个擀面杖,人骑起来像撅着屁股擀面条。断口在前立柱与车把的结合处——也因常骑土石路太颠,我又为减轻屁股的疼痛而把身子多压在车把上,惹了麻烦。我从小就会撒把骑车,可眼下是土路,不灵,只好拿出铁丝、钳子把断把勉强绑好,骑到十多里外的车摊换了一根车把——修车人开了眼,"我从没见车把能颠断"。我应也算骑车老手了,1986年由北京骑车去新疆,就在河西走廊把左脚蹬子骑断了，也是突然一声让人傻了眼，也是前后不着村镇，也是用铁丝和钳子把大腿（连接轮盘的横棍）和鞋扣眼拴起，勉强骑到了车摊——我的左脚解放鞋的右帮都快扯烂了。

2003年5月，我是与罗艺、何荣由北京骑车去的，为的是去不是旅游点的满蒙汉三族交汇处以及捡块漂亮的化石，设想着坐在三省碑上喝啤酒——那可是在努鲁尔虎山上呢。一路宿在四马台马场小店、上板城小店、蒙和乌苏冀蒙界小店，一个床位均不超8元。我的车是45元在修车摊买的，难骑，便出主意三人每一小时换车骑而均衡体力，此让罗、何不爽。吃也尽量实惠，猪肉酸菜粉条，盆挺大，找块肉费劲。我们仨，罗是走沙漠高手，何是玩哈雷摩托的，我擅长爬山，所以长途骑行都没优势，都有些闷得慌，互相恶作剧以添行趣。

冀辽蒙三省交界点在平泉市、凌源市和宁城县之间。我们是经宁城的老哈河、必斯营子（当时公路不发达），走天山线（天义即宁城县天义镇，山即山头乡），在山头乡喝中京啤酒（商标上有辽中京大明塔），打听出东南的道虎沟村或王家店村有小路可至三省交界的"尖山子"。东南行3华里见路边石碑书"道虎沟",再行2千米至村。步行向东上山,须升高约200米。路边多见白色的膨润土,据说一吨200元;也见不少被挑拣过的化石堆,仅余些植物或小虫者;据说中国科学院考古研究所的王教授正在本地搞科研。

"尖山子"为小崖山,其北侧下松林边即三省界碑:三面分书"内蒙古"(带蒙文)"河北""辽宁"及"国务院1996""Ⅰ";碑为花岗岩(芝麻黑),高约70厘米,每边约35厘米,顶面有指向的"+";碑所在地海拔约670米;碑之西北指蒙,东北为辽,南为冀——细看地势自然分出三个小山梁,每两梁之间朝向一省。坡下有富士改良的10号苹果林。返村中,看了半尺长的鱼化石,在石片堆挑几块带植物叶、多节虫的化石带走。经哈叭气村、大连营子及一残塔去凌源,宿清河浴池边小店,宿费5元,洗澡2元,吃"疙豆"(白面玉米面搓成的短面条),喝建平县产的松林啤酒。知本地下岗职工很多,大型化肥厂已倒闭,有牛河梁文化遗址,等等。

2016年,与朋友又去此三交碑:道路增多,路标明确;三交碑侧已被取土半空;道虎沟北已新建化石博物馆,在原发掘址上，地质及化石介绍方面很专业。另外，平泉市的辽河源、宁城县的辽中京、凌源市的"鱼化石"为旅游点，在此不表。

图 2-1　冀辽蒙三省交界处示意图

2
东辽河岸的辽吉蒙三省交界点

　　去三省交界,有些时候是和"后小组"同行的。后小组是我们一帮朋友在2002年创立的,"后"含后现代之意。口号是"到风景的后方去,把好玩的消灭净"(其可套《到敌人的后方去》的曲调而唱),原则是"玩前人未玩,行为而不艺术,玩新奇而不玩命"等(其实就是新主题旅行,旨在锻炼人格、开拓精神、于边缘探索思想)。后小组先后搞过"三、游、马、轮、沉、赤、布"和"换、絮、未、添、赌、自卑"等几十次活动。"三"指五人骑一辆人力三轮车由京至鲁,"游"指在野河酉水顺流而泅游两天,"马"指在皖赣浙三交处连跑两个马拉松,"轮"指在东北轮滑,"沉"指在长白山一带连续装哑巴72小时,"赤"指赤足之旅,"布"指在华北华中的布朗运动之旅,"絮"指在岢岚的连续废话72小时,"未"指在江苏的模仿20年后的言行,"添"指添毛病(然后硬改),"赌"指在内蒙古的打赌之旅,"自卑"指锻炼低调能力的旅行。总之,后小组这种旅行内容都很丰富,或有实验心理学、哲学的意味。后小组曾花钱租了服务器做了"后旅行"网站,一度曾有直播。因我旅行的地方多,不少后小组的后旅行之路线由我设定,为避开旅游区、大城市或繁华之地,就自然选了不少三省交界处,也因它史地信息密集而富层次,从社会学的视角看,也可以从三地切入。每次的后旅行都有余味,因其边缘,甚至不那么严肃正经,但毕竟让后小组的人换了角度思考,在非旅游式的旅行中丰富了经验,因为他们太多都是从事创作的画家、小说家、电影人、诗人、音乐工作者。当然,他们并非都对三省交界感兴趣,一是我有些面子,二是友聚而实践一种新旅行,比聚在酒桌侃谈要深刻有趣得多。可惜的是,虽然我在旅途中或旅行后,跟大家讲三省交界处的诸种事情和意义,但他们几年后记住的却不是三交——各有所记之殊。各有所需所取嘛,我呢,记住的当然是三省交界了。

这个三省交点在昌图县、双辽市、科尔沁左翼后旗之间，即在原科尔沁草原上，也在今东辽河之岸。20世纪90年代，我常去北京炒豆胡同的僧王府朋友家玩，便在去通辽时顺便看了科尔沁左翼后旗甘旗卡镇的破旧王府。2003年春，后小组在东三省加内蒙古搞公路轮滑，我就揣着私心，将某天的路线设计成了四平市、老四平镇（属辽宁）、八面城（有古城址）、付家镇及紧挨三交点的三江口镇。这次后小组的公路轮滑，有老周、老何、效刚和狗子，戴着头盔，穿着反光坎肩，滑得却业余——第一原则是别被车撞了就行。效刚的一个轱辘滑掉了，接着滑；狗子滑不动了，滑上了公交；我是拉着骑自行车人的后座。晚上在三江口吃喝后，躺在7元一人的小店床上，翌日早上谁都懒得起，我仅拉了狗子去陪我看三交点，他还问"什么焦点"。

向西沿铁路走约1千米，到了东辽河的铁路桥。桥长约200米，桥下水量很小，约20米宽，水呈酱油色，两岸有堤坝。桥西头的路基下10米寻到三省交界碑：水泥制，露出地面约80厘米，每边长约30厘米，三边分别凹刻"蒙辽吉266""国务院1990"；碑西对蒙，西北为吉，西南为辽。往科尔沁左翼后旗方向望望，据说不远就是西辽河；往北能望见叫丁家窝子的小村,据说西北不远还有一个明代的古城。附近有玉米地,也见老乡在点种土豆秧。三江口镇有一教堂,亦有网吧等,据说国营农场已倒闭。本地口音东北味不甚重,因昌图县属铁岭地区,个别人有"本山嗓"。

这日我们又在双辽轮滑。过了东辽河、王奔镇,在双辽城边吃午饭,听当地人讲,双辽出过张作霖的把兄弟吴大舌头,也死在皇姑屯;双辽有一处于凤至的宅院;伪满时修的铁路桥现在也好使;双辽的高考升学率较高。当晚宿双辽县境的玻璃山(与北斗星呼应的小山)小店,大炕,每人7元。门厅里放着浪漫的录像片,大家累得都趴躺在热炕上,埋怨这路线上下坡多、小石子多,不适合轮滑。我说:"但是你们是滑在三省交界处呀。"

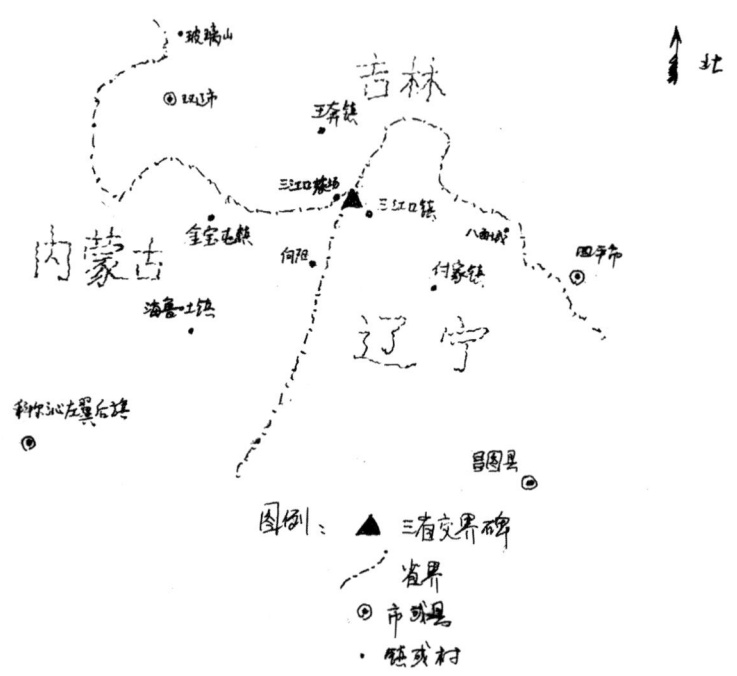

图 2-2　辽吉蒙三省交界处示意图

3
异型碑的鄂豫陕三交点

这是我们寻访三省交界阵容最大的一次——六个人,"六"好呀。比如方向有几个——六,骰子有几面——六,几重奏泛音最谐——六。后小组的这六位,资格虽然不是最老,但都是生力军而各有强项:小力自制天文望远镜,是思达黑洞的太空诗人;小华是文化艺术学者;小彬是数字通灵者;小磊是户外前线记者;孙民是骑旅老炮儿。他们五人能陪我访三交是次要的,老友聚玩才是给三交添彩。上次是2015年大家一时兴起在杨凌租了块地种啤酒花,买种、栽培、上架、施肥……还创了"啤酒花之歌",虽然用收下的啤酒花酿的啤酒不成功,可毕竟我们为啤酒花开心了很久并办了几届啤酒花节。所以，我们这次相聚，来自桂陕川京，高兴得像簇拥的啤酒花串，几日的啤酒狂欢是少不了的。小彬还对我说："你也不用出什么寻找三交碑的主意，无论什么地点，好朋友凑在一起就是风景区呀。"

郧县（现湖北省十堰市郧阳区）、淅川、商南三县间的鄂豫陕三省交界处，20多年前我与陈教授等驾车去过。从卢氏县往南翻的熊耳山到商南，冬天住没暖气的旅店，翌日到丹江边的湘河吃午饭，逛完荆紫关，过丹江大桥，经白浪镇去郧县，当时误以为三省交界点在丹江大桥或江面上。2010年左右与小华又去淅川访丹江边上的朋友立东的老家。直到2017年3月准备去鄂西北与豫西南玩，小磊说鄂豫陕三交处有个三省碑，才又给日程增添了重要内容——同行的小彬、小力都说三交碑是喝酒的好地点，喝一口等于喝三口。这次旅行行程很丰富，如在郧西县城的角落找到老建筑——会馆、戏楼和渡春桥，如在淅川县城与耍猴老汉大喝，如镇平穰东朋友杨府老家的凄荒，如南阳靳岗寨老堂的沧桑，以及小王庄朋友志良的蒙族群户，但此文主要讲三省交点。

我们是在郧县乘农村客运中巴，经白桑关，翻两座高800米以上的大山，用3个多小时才到的三交点附近的白浪镇，还路过了一个叫"石槽村"的河南飞地。镇街有牌楼，一边书"凤鸣三省"。宿便宜的旅社，六人共110元。二楼窗外可见北侧的丹江大桥和北岸的荆紫关。择小店，大喝大笑，因为在白浪镇浪了也白浪，小力能干嚼大蒜赌不怕辣，小彬能吞吃刚出锅的饺子赌不怕烫。回房间接着喝时还拍了赤膊四壮士，一直到半夜。

翌日上午，向北再西，约1.5千米，在小街中，见三角亭内的三省交界碑：碑是花岗岩的三角锥体（类似小金字塔），高约25厘米；隶书，偏南为"鄂"，北面为"秦"，东北为"豫"。亭东见门牌有"白浪村（鄂）X号"及"荆紫关镇XX组X号"。边上有"三省客栈"，壁上有贾平凹写的介绍丹江的文章。亭北100多米，有"陕西白浪"的牌楼（原为乡镇，现为村）。亭北侧隔村，有一新修的五级阁塔。听说以前的三省交界碑是一个带檐顶的大三角碑，每面有详细的介绍。今所见三角锥形碑很新鲜，且碑顶是尖的，令人无法踏稳。买来啤酒，拿出小六面体，开掷，砸碑顶后看其落向何省，自有代表而罚（或赏）喝。

过200多米长的丹江大桥，桥下水量小，但北侧有渡槽水急。丹江发源于商州北的秦岭，东南流往淅川，在湖北丹江口汇入汉水，汉水此后经襄阳、宜城、钟祥、潜江、仙桃、汉川至汉口入长江。所以，荆紫关在历史上为重要商贸码头，镇头牌楼即书"中原第一名镇"。我们宿小店，六人80元，但啤酒4元稍贵，卤鸭便宜。听孙民通过手机简介本地历史。本地口音河南味不重，我们称之为三省交界口音。逛老街，就在新街的背面，看着古朴或仿古，如徽派建筑的平浪宫、含博物馆的山陕会所，但荆紫关关门太薄小；本地匾字的书法都不错，再就是街头大多是老人晒太阳。进了一家古玩店，替朋友看了看老茶壶。

我们此行正好是六人，当然不敢与洛克尔的《六人》比，却也各不一样：孙民寻访本地白莲教的历史；小力想在不凡的地点显示凌空诗人之态；小华从杨凌来是想跟大家商量出一盘"罪与罚"主题的音乐；小彬从南宁来会酒；我是三交爱好者；小磊是旅行类编辑，不放过任何史地空白。所以信息互补，知道了清军在郧阳因白莲教死了四百官兵，商南与淅川在北魏就已置县，郧阳云盖石（绿松石）历史悠久，等等。我忽悠大家下次去鄂豫皖三交：金寨的山猪、六安的茶，商城的夜色、麻城的鸭。

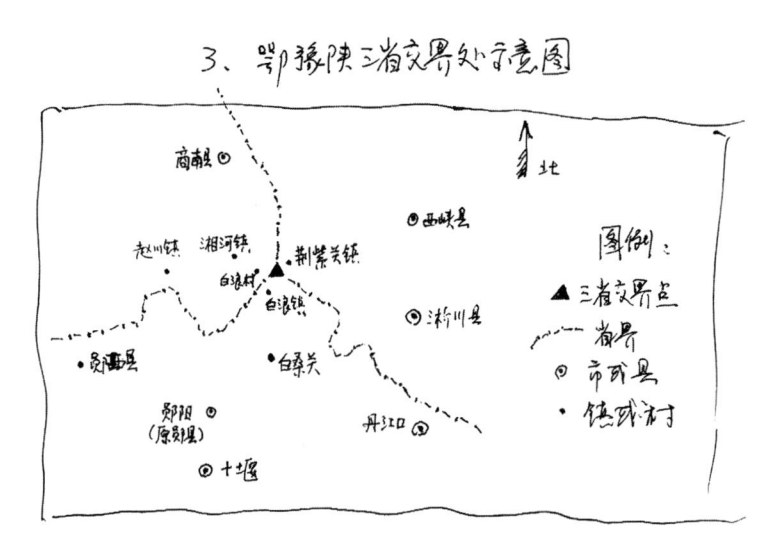

图 2-3　鄂豫陕三省交界处示意图

4
烽火台侧的晋冀蒙三交点

此三交处长城起伏、烽台罗列，不少村以墩台（大型敌台或烽台）编号为名。第一次去是1986年秋与吴沫由北京骑车去新疆路过，就露天睡在马市口以北的烽台下的山沟里，取的是"边关寒星丽，男儿热血浑"的诗意。翌日骑一个多小时就到了内蒙古的兴和县吃早饭，还打听哥们陈迈平、赵健雄在兴和教书的地方呢。直到2005年早春，因几位朋友既想游长城又想站一站三省交界点，才又重游，但换了路线。由北京驱车，经河北怀来县和涿鹿县、山西阳原县，往北就是山西天镇县境。逐渐地，西和北可见长城，路况不错，过了新平堡镇，公路与左侧岭上的长城几乎平行，经十六墩、八墩后，涉一冰滩，车打滑，我和孙民下去推车，没敢让车停而是抄近道涉水，却踩塌了，弄一鞋冰水。接着到了110国道的马市口，往西北不远即晋冀蒙三交点。

110国道在此已修新路，老路是我当年骑行所经。在一处破烽台下，找到一块分三面各写着"山西河北内蒙""国务院1996年"的三角碑。当时很冷，爬上烽台顶，往北看不见草原，往南也看不见洋河谷地，我们仍处在大马群山中。在桃沟村边与当地老乡聊，除知怀安的贡米、兴和的黄芪、慈禧西狩住过的天镇慈云寺，还知沟的对面新110国道边也有一块三角碑。立刻去看，发现碑是新的，字与老碑一致。这种一个三交点有两块三省交界碑的情况并不常见。新三角碑在国道南侧的崖下，山谷由东南向西北抬升。想起20年前在这儿总是推着自行车爬坡，如今驾车轻快重游，真想写首打油诗："车是四轮胜两轮，人当三十强五十，三交两走非一事，九州八面觅万知。"

有一阵，我们的后小组总部（朋友老周提供的房子）有不少捡来的明清老砖，我与孙民就根据质地做成烟缸、笔筒及砚台等，孙民还篆刻上很有诗意的边款。这些东西当然都是送朋友，而朋友们回赠烟酒也就更鼓励我俩了。给小蔡的烟缸上刻有"烟香无烽"。小蔡也是有后现代思想的人,在他离京赴沪前,与我把它埋在了香山以西门头沟、石景山、海淀的三区交界碑附近,还说过10年带着孩子或老婆再挖出来多有意义。无独有偶,过了10年,孙民在某拍卖行花200块钱买了一个估计是清末民初的游牧民族的锡酒壶,拉着我和天晖,也埋在了那个三区交界碑附近,并在博客上说,谁找到归谁,以期埋宝于三交点是人人可参与的接力游戏。后话是,还真有人去寻挖了,几次与我们联系,估计是没寻到。我们倒没那么尴尬——把一个好东西,埋在地下并透露它的大概方位而令爱好者去寻,这似乎可传递美好与神秘吧。

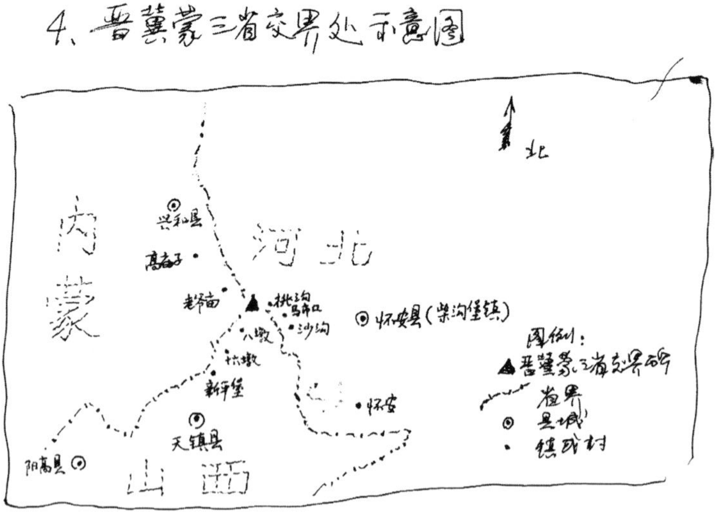

4、晋冀蒙三省交界处示意图

图 2-4　晋冀蒙三省交界处示意图

5

大草甸上的吉黑蒙三交处

20世纪90年代初,我去过吉黑蒙三交处的扎赉特旗,看草原、听蒙歌,也听说挨着黑龙江和吉林的地方有湖泊、风景好。到了2003年春,我找到了去吉林镇赉县、黑龙江泰来县和内蒙古扎赉特旗间的三交点的机会,当时正好我们的后小组到了三省交界处的泰来县,打算顺风往南轮滑去吉林的镇赉县。在泰来逛了泰湖,喝了齐齐哈尔产的泰湖啤酒。11点上路开滑,过街基镇、黑吉界,见地貌无异,滑到坦图,又向西滑10千米至三省交界处的保民乡;顺风时可滑19千米/小时。保民仅有一家小饭馆,吃喝时听老乡讲:没听说三省交界处有三角碑;泰来街基镇的东翁村、镇赉保民乡凤凰坨村、扎赉特旗图牧吉镇聂来黑组，是靠三交点最近的居民点。

沿土路向北，经大龙坡走6千米至凤凰坨村，附近草甸很大，牛羊成群，村里也种玉米、豆、烟叶。老乡说本地穷，50户迁走30户，还有盗马贼等。欲步行10多千米去西北方向的内蒙古聂来黑村，走2千米后担心天黑走不到，即返，终宿在放羊的老徐家。得知他家放100多只羊，年挣约万元；每只羊每年打5针防疫针需5元；草原狼叼过羊，故家家养狗。翌日晨出村向西北，先过几棵有榆树的坟地，又过防水壕堤。一小时后过一处马场。未遇见人，不知何点为三省交界点，只好见到稍高的石头就过去看，都不是三交碑。风很大，约五级，半侧身走才行。两个多小时进了聂来黑村（后查图，聂来黑的位置标的是"爱林海"）。附近有两三个湖泊，三四十户人家。入一蒙古族人家取暖喝茶，两个妇女不会汉语。出村西北行，又见几湖，有雁、鸥等。两小时后到图牧吉镇，寻饭馆大吃酱牛肉、豆腐、啤酒等。后乘车经和平镇、东方红保护区至泰来，知本地有大鸨、丹顶鹤等保护动物。这日为寻三交点，在大风中走了约20千米，因冻饿对草甸湖泊风光无力欣赏，也没细寻三交碑，加上老乡说没有，直到多年后我才听说那有一块三省交界碑。

多年没去那个地方了，据说已开发了旅游，可看大草甸、众湖泊，尤其那种擅走不擅飞的大鸨是西亚某国的国鸟。那里相邻的三个县（旗），名字中都带 lai，估计与历史及民族语言有什么渊源。

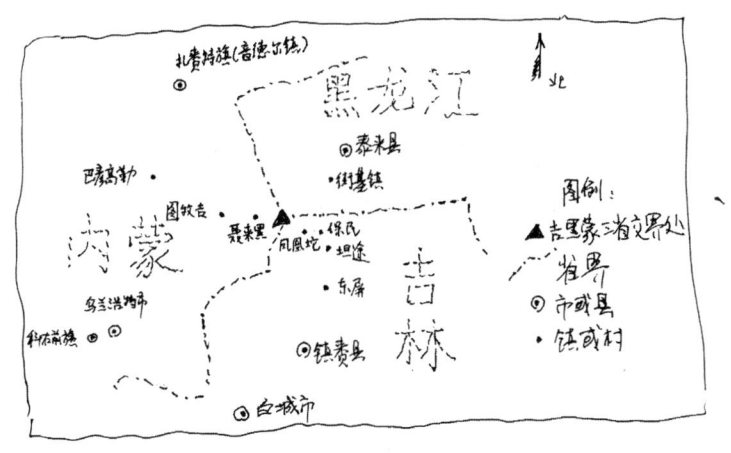

图 2-5　吉黑蒙三省交界处示意图

6
无人区深处的青藏新三省交界处

  青藏新三交处，个人能力难以企及。它位于曾经是中国最大的自然保护区阿尔金山保护区（无人区）最南端的鲸鱼湖附近，东南紧邻可可西里保护区；它与三省最近的县或市，如新疆的若羌、青海的格尔木、西藏的双湖办事处（2012年设双湖县）直线距离皆超过400千米。进入该区除需层层手续外，还需备好油料、食宿用品甚至防身武器。1999年5月，我因擅长高海拔野炊被中国科学院地质研究所聘为厨师，得以随地质队进入阿尔金山保护区半个月。除三辆小型越野车外，我押一辆六驱卡车，上载十桶汽油、半车粮菜、十箱啤酒白酒及汽油灶等野外灶具。另发给我的武器是带臂架的强力弹弓。队长刘小汉还说："狼一般怕人；熊，别靠近它的窝就行；遇到野牦牛，要轻轻地后退，它万一冲你奔来，要猛地横着移动。"

在这半个月内，我写了几万字日记，此仅简述。我们是从若羌的依吞布拉克往南，在检查站出示几重介绍信并经严格检查后，开了两天的破路，到达阿牙克库木湖（海拔近3900米）。队员们采石打样，要寻一种超基性岩样，我则用高压锅汽油灶（把喷灯嘴调成向上）做起"超基性饭菜"。湖约长30千米，宽10千米，无鱼，有一种高蛋白的卤虫；岸边野驴、黄羊常见，南面就是阿尔格山。刘队长很诗意地告诉我："我们要寻找的是一片古海的洋壳（海底之壳），它就像是海洋的尸体。"几天后我们又翻山涉滩，过了一个叫鸭子泉的区内检查站，到了区内腹地的阿其克库勒湖畔扎营。此湖海拔约4300米，四周更荒凉。多数队员都唇紫皮翻、鼻头糙红，给他们盛菜时都爱要土豆、柿子而嫌弃牛肉。队员琚宜太、于博士倒情趣不减，常与我喝啤酒、开玩笑。

考察队的路线主要由刘队长和专家李继亮老师决定，我当然希望是越纵深越好，便也常讨好式地问二位想吃啥。当我听说下一步可能要去三省交界处的鲸鱼湖时，我说明天中午包饺子。这事儿是麻烦，头天晚上我就备料切肉，翌日在两个女队员的帮忙下，包了好几百个饺子。两灶两锅齐煮，每两人吃一锅，先照应队长和专家；肚量大的，我先拉他跟我干几杯啤酒。我还会用高压锅烙春饼、摊鸡蛋煎饼，配上海米黄瓜片汤，领导和队员都高兴。趁机问些鲸鱼湖的事，去过那里的李老师告诉我：鲸鱼湖这个好名字，来自湖面俯瞰时的样子，附近可可西里有一个湖叫太阳湖，西藏那边有一个叫向阳湖；三省交界处有座近7000米的山，属于昆仑山的主脊；那也能通可可西里以及青藏线上的楚玛尔河。

但5月赶上下雪，路况极差，连六驱卡车都陷在浅河或泥泞中。鲸鱼湖去不了了，于是我的饭菜就没心思变花样了。做饭闲暇时，我会用队长的望远镜望远处的几只黑熊，它们可能怕我们花花绿绿的帐篷，从不过来。一次是往西过了月亮河（下游通且末河），我到坡上玩，也想好好观赏木孜塔格峰，正碰见一只吃草的野牦牛，距它六七十米我不敢再近了，当它抬头时，我悄悄地后退出它的视野继而飞逃。

后来我又随地质队进过三次西藏，却没从青海、西藏的角度接近过青藏新三交处。最多就是到过楚玛尔河沿岸，这里有一个可可西里保护区工作站，与几个志愿者聊过；也在走北线去阿里时，路过双湖的多玛乡——当时去双湖的路太差了。所以，那个三交点附近的鲸鱼湖、太阳湖、向阳湖，我都没见过，更不知那有无三省交界碑了。

在无人区赶上的事很多，苦乐的各挑一件说说。在木孜塔格峰下涉一条浅河时，我们的六驱给养车陷了，怎么也拉不出来，队长让我们在上游筑坝，陷处自然就会干涸。水冰凉，又下着雨，约40分钟坝才筑好，但水涨力猛，眼见着坝又溃了，只好等明天再说了，只是这晚没法埋灶做饭了。还有一次是下两天大雪，无法上山，都在营地待着。年轻的队员堆雪人，我也用雪塑了一个"法国美人"（队长是留法的地质学博士），用蓝包装糖纸做眼，用红纸点绛唇，用扯散的黄编织带做头发；"她"是躺着的，三围夸张。这时队长过来了，说："太不严肃了，让'她'坐起来。"我个人比较苦的事，就是得先于队员们一个半小时起床，钻出暖乎乎的睡袋，烧水做早饭。灶围是头晚挖好的，听着呼呼的汽油火焰声，用冰凉的刀切冰凉的西红柿……冷，悄悄地吃一块女队员小周给我的巧克力。比较乐的是，队员们都上山了，我一人守着营地，太阳也出来了，坐在帆布靠背折叠椅上，扶手上的空档可放啤酒，然后写诗。队里的琚博士、于博士都喜欢看。他们还不白看，或给我块他们在山上捡的什么粗玉，或讲一段南极格罗夫高原的故事，可惜他俩都没去过鲸鱼湖一带。

图 2-6　青海西藏新疆三省交界示意图

7
阿尔金山脊上的新甘青三省交界处

那个三省交界处横亘着一条古道,即若羌、米兰、索尔库里、安南坝、敦煌之线,当年读日本僧人橘瑞超的《中亚腹地探险》就为这些地点的故事所吸引。我是10多年前作为后勤人员随着地质队科考,才有了那一带的旅行经历。至今有些情形仍然难忘。

靠近三省交界的青海冷湖镇,曾是很大的石油城(1958年时与克拉玛依齐名,最多时有6万职工,1000多口油井),相当于一个县城。我们到的时候,因油田已枯竭,整个地区几乎成了一座空城(仅有一家饭馆)。电影院门口的旧海报还在,门锁已锈尘斑斑;几十排的工人宿舍,没有一点动静，垃圾堆上连乌鸦都没有。在唯一的一家小饭馆中，听老板讲了些情况：现在仅有些留守人员，油田废弃的时候大部分人去了花土沟（石油城）、七里城（敦煌一带的石油基地）；油还是有但不好采了，又不愿包给外国公司；现在有个别井是私人承包的；看看以后这里能否开发成旅游城，东边的苏干湖风景很好（的确，后来我们去了，发现水面静蓝，鸟类众多）。

靠近三交处的甘肃阿克塞哈萨克自治县，县城靓丽，富民族特色，后知这位于红柳湾镇的是新县城（20世纪末建成），老县城已废弃或作电影外景地。我们包了一个大帐篷吃饭，席间有哈萨克小伙的手风琴演奏以及一种弹唱（好像叫"阿肯特"）。知本县于20世纪50年代建县，人口1万多，哈萨克族以游牧为主。我还知本地的一些历史，如哈萨克族东迁。县城外就见不少牧场，有草坡、河流以及背景的阿尔金山，地质队的李老师说他见过这一带有野骆驼。

我们因工作原因到了接近三省交界点的安南坝，附近有不少有色金属矿和石棉矿。而后者正是这次考察的要项，据说凡有石棉的地方即与古洋壳有关。但石棉矿区里烟尘浓密，有的工人仅戴着单层口罩。一条简易公路沿着安南坝河，往西通进新疆，这也是建在原来的古道上。南望有一座高峰，估计有6000多米，三省交界点应该在那里，但没前往。

新疆和青海离此三交点的县市都远在200千米以外，如若羌以东是罗布泊南部荒原，而格尔木西北是柴达木盆地的荒原，只有甘肃的阿克塞县、肃北县及敦煌距三交点近一些。三交处以东在历史上主要是蒙古族的游牧地带，尤其是阿尔金山脉与东边的祁连山脉之间的党河流域，正是下游的党河滋润了敦煌的文明。苏干湖边也是天然高原牧场，也传有落难英雄的故事。不过苏干湖地区在20世纪80年代前出版的地图上属于青海，后来的地图就划归甘肃阿克塞县了（当金山口已经不是甘青省界了）。另外，以前的阿克塞老县城（博罗转井）比今天的红柳湾更偏南，海拔也更高。据说现在那一带的哈勒滕河中上游已开发了狩猎场。

中国有3个哈萨克自治县，巴里坤和木垒在天山以北，而阿克塞在阿尔金山以北，相隔好几百千米。现在若问阿克塞的哈萨克老人，都知道自己的老家在天山，而更老的老家在阿尔泰山。无论在巴里坤草原还是在阿克塞草原，我都凝视过放牧人的眼睛，真想猜透他们在想什么。

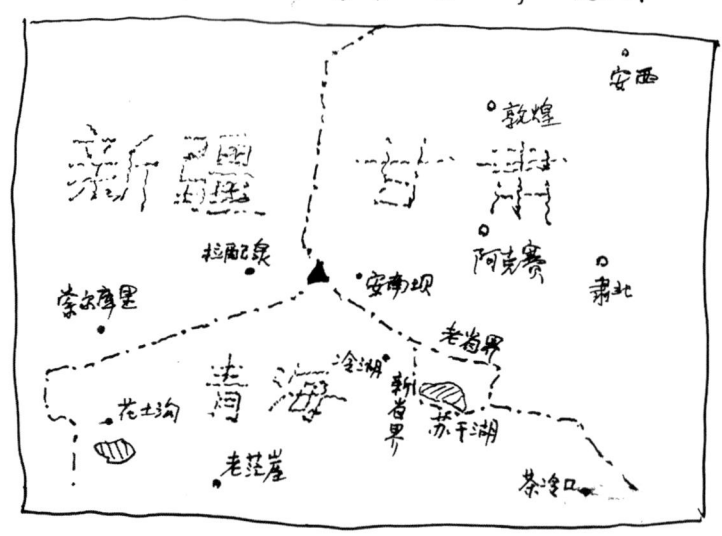

图 2-7　新疆甘肃青海三省交界示意图

8
坐落于长城烽火台上的京津冀三省交界碑

以前我访过不少北京及周边地区的野长城，如平谷与兴隆交界处的将军关、原河北蓟县（今天津蓟州区）与兴隆交界的黄崖关。以前北京与天津不搭界，后蓟县划归天津，那原来的平谷、蓟县界就成了京津界，而蓟县北邻河北兴隆，于是三省交界处就又多了。多次去蓟县，除了独乐寺、盘山，我们的后小组还在那搞过与"bu"音有关的新主题旅行；而兴隆的雾灵山后小组也上过几次，还在那搞过"乌贼之旅"。我自己号称是玩三省交界的，但对"窝边"的京津冀三交点不是很重视，直到听玩野长城的人说京津冀的一个三省碑就筑在野长城上，我才觉得有些意思，就和朋友孙民去了一趟。

当天10点40分，在东直门乘815路快车，走高速公路，由打铁庄出市界，12点到平谷车站。乘29路（终点将军关，而去三交处的红石门的30路车次很少），经南独乐河、靠山集，在彰作下车。此地距红石门近3千米，到饭馆吃回锅肉等，菜量大，喝了啤酒，共花55元。饭后沿小水泥路东行，进彰作村，村北一小谷，有原彰作里关，现已废弃。半个多小时后见"红石门"村石牌楼，村内小街约1.5千米，有多家农家乐但均未开门。村内正铺天然气管道。多见柿子，没人摘。有长城国家级文保碑，2013年立，也有"一脚踏三省"的导游牌，并写"红石门长城为由东通入北京第一段明长城，属蓟镇长城马兰峪段的墙子路管辖，共12个烽台，1个敌台（大型），约3000米，多由山石砌成"。

我俩沿水泥路向东缓缓上坡，多见红叶金柿，也知"红石门"指原村口的红褐之崖。至路尽头的回弯处（有垃圾池），即有指示上山的路牌。沿小路，穿堰田，抬头可见前上方发白的城墙。约20分钟后，升高200多米，至城墙上而右行。墙是近年修复，因本地石块发白，加上白灰砌墙，故墙体新白，无沧桑感。但烽台没修复，仅平整化，见些散弃的原来的长城青砖。过两三处烽台基，又陡升200多米，至大型烽台基上。从此长城迤东而未修，塌成一道乱石埂，但烽台仍能辨出。知长城通的下一个关口叫黄崖关，记得30年前访时还在附近的小馆吃美味的熘肥肠。

大型烽台的平基上立一个水泥三角碑，高约90厘米；北面写"河北"，东南写"天津"，西南写"北京"；国务院1996年立，还有"111213Ⅰ"的编码①；碑下平台用小卵石嵌更大的"北京""天津""河北"。东南坡下见蓟县的花土梁村（约1千米），北坡下见小村（估为兴隆的前干涧村）——有一土公路翻至梁上，估通往山外。

我们做了相邻三个县的小三角石放置碑顶。想抄近路下山不好走，又返大烽台走老路。过红石门村后，我脚疼厉害，正好后面来一小车，截停搭上，想给钱而司机不要。知对方是王经理，负责铺此村天然气管道，又知他好书法，便说可送他一幅，让他想好内容再电话联系。搭车至平谷，赶上晚6点多的815路公交车回京。至东直门择小馆，把酒就羊杂等。

---

① 数字为行政区划代码：11代表北京，12代表天津，13代表河北。——编者注

此三交点玩得容易，不利于吹牛。但三交碑在明长城上，怕是独例。那一带，也是徒步走长城的好地方，如散步公园。以前天津没山，蓟县划入后不光有山、有长城，还有了三省交界，一举三得。

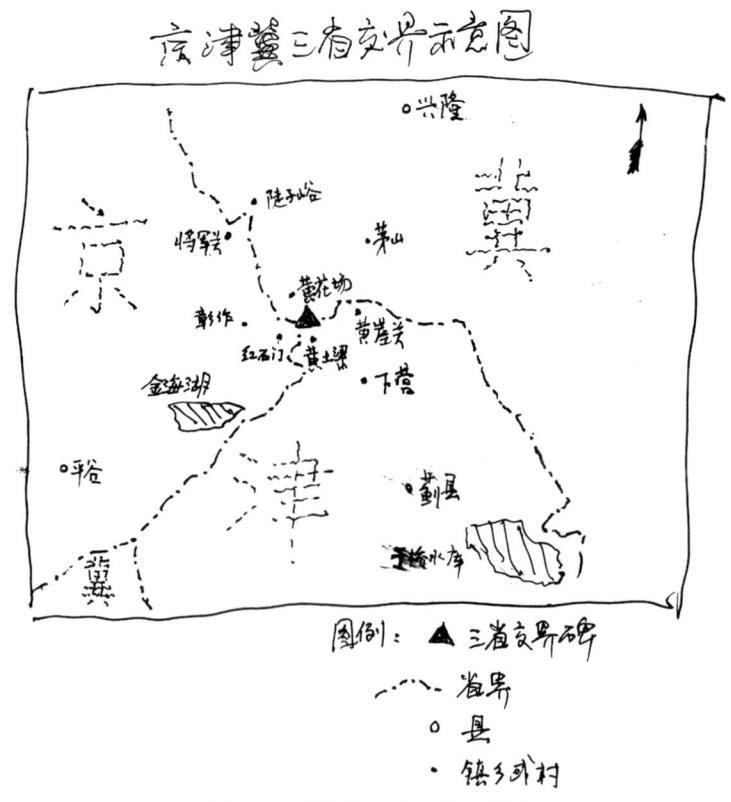

图 2-8　京津冀三省交界示意图

9
旅游胜地的湘粤赣三交处

南岭横亘在湘、赣与粤之间，它不仅是分开珠江流域、长江流域的分水岭，在中国历史上也是文化甚至政经的界线。岭南则蛮，也是贬官的去处——这样的故事太多了。而慧能越南岭传法振道，是北人南下的辉煌一例。而到了现代，岭南之广东绝非小省。粤语歌曾流行于北方；香港回归后，岭南也更特别了。

粤之仁化县、赣之崇义县、湘之汝城县，为三省交界处的邻县，而三省的长江镇、乐洞乡、热水镇又接壤。1996年与米洁驾车翻越南岭，只对乳源的瑶族民俗和韶关的五祖寺更感兴趣。2016年春在仁化的几天，终日诗酒，也就看了丹霞山的阳元石和仁化城的明代塔；朋友还说可以带我们去万时山（三省界山）或梅关古道（在南岭上，北为大余县，南为南雄县），但都因为喝大酒误了。直到2018年3月又来郴州，旅游局的朋友要带我们去汝城洗温泉、登南国天山（即三省界处的界山），但一听说是大旅游点、门票很贵，我们就不愿意去了，说那还是随便转转喝酒论诗吧，结果管诗人和唐诗人成了那两天的两大景区。

2018年11月，我与朋友汉行在贵阳分开后，想到我没去过的崇义县（县名有太古范儿）和汝城县转转，就有了这次三省交界处之行。有两年没单独旅行了，想再尝尝。先到的崇义归属地级市赣州，2003年冬后小组在其东南的赣闽粤三交处搞过赤足之旅。而崇义在赣州的最西南，花36元、经75千米，经上犹县2小时就到了。这里山翠水清，在北京这种地方都得圈成景区。

连吃喝带打听，知本县约20万人，有瑶族、畲族，县城叫横水，是个林业县；刚路过的聂都（路口）有岩洞已开发旅游；亦产茶、菇等。一碗肉丝面5元，啤酒为燕京的商标。新汽车站对面有一大型仿古建筑，是文化宫，据说花了几亿元。云开时见一新阁塔，老乡说山上有古塔，"文化大革命"时毁了。有去靠近三省交界处的乐洞乡的班车，车费18元，车程70千米，也有去江西那边靠三交处热水镇的车（每天一班）。我先去的乐洞。本地多带洞的地名，洞大概是山沟深处的意思。经文英镇，入狭谷，多竹、杉等，也见竹器加工厂。经高洞畲族村，有些土木老屋，但多瓷砖新房，据说本地畲族余姓居多，迁自福建。

到了乐洞，乡街尚干净，食宿均有。向西南步行，见雾中大山时露巍然。有一条小水泥路，向南通广东仁化长江镇，但老乡又告前面村中有古时留下的小路可通广东。查图知那三省界处的大山叫氿水山，海拔1500多米。雾雨路滑，我这老腰病腿就算了。索性散步往湖南，经陈洞村，到高洞畲族人家买蛋糕等，但未见年轻人。走了7千米进了湖南汝城的黄石村。见老乡在小卖部中打牌，也见似近亲结婚的后代。

花5元从黄石村乘车，经约6千米到了汝城的热水镇（以前图标热水坑）。吓我一跳，一个巨大的温泉旅游小城，带城雕广场和游客中心。打听到这有温泉、漂流、森林公园、南国天山（含三省交界碑）等好几个大旅游区；南国天山的门票至少60元。找到旅游图牌，大概绘下南国天山旅游路线：

景区售票处后有盘山公路，至海拔 880 米的雷公山，再步行一两个小时，根据指示牌，可经土匪窝、黄巢营、高山草甸、刀背脊至 1500 多米的三省交界碑；也有缆车可达。一老乡还拿手机给我看了比他儿子高一倍的三省界碑。我未进旅游区，找个小店喝啤酒，与老板娘聊天得知，这里夏天时人多；温泉可治病；万时山是广东人的称呼；现在趁冬季，景区又在搞新的建设；广东人来的最多；缆车好像还没修好。

我乘公交花 10 元去汝城县城，路程约 20 千米。城中立着周敦颐塑像，也有莲池书院，据说南面还有水分流南北（珠江或湘江）的三江口瑶族镇。远处的山脊见不少风力电架。我又去了郴州，路程 90 千米，车费 70 元，过很多隧道和桥梁。据说以前汝城到郴州车程 7 个小时，现很方便。知郴州东南罗霄山脉与南面的南岭连接，故山高谷多。在郴州没找当地唐诗人，自寻小馆。菜极便宜，肉菜 12 元，有我没见过的一种燕京啤酒。住宿才 30 元一间，当然不带卫生间。我想买的本地的腊肉、腊鸭，价格便宜，十几元至二十几元一斤。

这个三交处，我仅差去广东那边的长江镇，留下次去丹霞山格物图书馆诗人树森那里再说吧。而大旅游点，我是不感兴趣的——很多峰、石、沟、瀑都被人新起了名字，导游牌也不断提醒距离和海拔，估计我儿子或孙子喜欢那里。不过对爱旅行的人，我会告之：从江西崇义的乐洞就能看见那山脊上的草甸，也有古道可上（但没有东面的梅关有名），那里没开发旅游（但山上也在修风力发电场）。不知有没有人搞过南岭山脊走，我只知朋友罗艺玩过秦岭山脊纵走十天。南岭的主峰可能是汝城县南的五指峰，图标1700多米，不知哪位"驴友"系统地研究过南岭高峰。

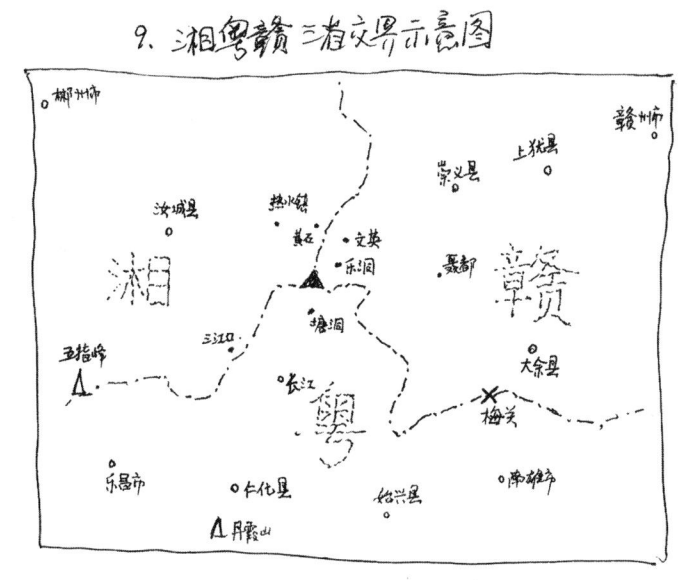

图 2-9　湘粤赣三省交界示意图

10

一处有三块碑的
京津冀三省交界点

那是 2012 年 3 月，后小组搞"走运之旅"，即从北京市通州区张家湾沿着运河行走，没指着走出运气，就是瞎走，换陌生地点喝啤酒。参加的有孙民、小力、阿休、小彦、小啤、小明等，基本都是走背运的人。先是老李开车把大家从白庙二柿园的阿休家送到张家湾，大喝，三杯起步打关，又降为两杯打关。晕晕忽忽就到了萧太后古桥，登新复修的城墙，拾废墟中的老瓷片，见一株老桐树和原"花枝巷"址，但没去访问有关曹雪芹墓碑的事。然后沿着运河向南、东步行。河水还很干净，见老乡捕鱼不少，也见漂亮野鸭及岸上羊群。一路小啤闲不住嘴，佛呀道呀武功啥的，却不小心踩到了淤泥，惹大家笑。还路过一个叫"黑二泗"的村。后觉"漷（音火）县"这地名有趣，就去那儿打算火一把。这其实是北京通州的一个镇名，找个最便宜的小饭馆，老板是安徽人，她挺乐爽，这就可以少要下酒菜了，大喝。还是小啤能说，什么入定呀、练武下战书呀。又买不少酒，带回小旅馆（每床10元）。房间略冷，又每人7元去洗了桑拿。

翌日我提议去三省交界点喝酒，即乘935路到了河北省香河县安平镇；边吃早点边打听三交点在哪，但老乡均不知。从地图上看，我估计它在103国道侧，附近皆平原，应有个三交碑。安平镇比我们10年前"三轮骑行京冀鲁"时繁荣多了，有了一个大型农贸城和"10万首付"的商品房。向东南2千米后过了公路津冀界标，又行两三百米，路边有一木箱厂，路东有废品站。见到路西有一个黑色大理石的三角碑，80厘米高，每边约30厘米，上面仅西北面书"北京"及"国务院1996年立"，而另两面无字。我即找来废的硬砂轮和红砖，在空面补上了"天津""河北"。后见西面几米外还有一个水泥的三角碑，矮细一些，也仅一面有字"北京"。这有些奇怪,木箱厂的工人说马路对面的废品站还有一个水泥的三角碑。过去找到第三块三角碑,两面各书"河北""北京",空了一面(不知为何不写天津)。

再沿103国道往前,我们进了天津界的大沙河镇的一个村子,未寻到小卖部,即往西北不远,进了北京界的梁家务村(属觅子店镇)。正好中午,该开喝了,在小卖部门口要小凳子摆好,买啤酒、花生米、咸蛋。阳光不错,边喝酒边聊聊阿休二柿园的趣事、小炜大溪岛的画室,但还是小啤占据的话题多,直到他说自己要练功便在一边"入定"了。小啤"出定"后,开唱信天游,确有陕北味。除小彦没怎么唱,连习惯沉默的娄底小明都大吼了一嗓子摇滚。小力拿出他当年办的诗报,挑好玩的段落,歪念起来。这边热闹,不少老乡来看热闹——摇轮椅的、抱孩子的……老乡爱问我们是做什么的,我说是搞三交的。老乡说:"山椒,这没有,南边那村有种青椒的。"

就现在的经验来看,如果一个三省交界碑只有一面或两面有写省份,那附近(如河对面、公路对面)多半另有一块三交碑会写另一个或两个省份,而103国道侧的三块三交碑,没有一块写有天津——也许我们没找到,也许现在又有新碑写全了三地了。但我觉得这事主要应该天津人着急。

另外，由于河北省的一块飞地——香河县、大厂回族自治县和三河市——嵌在北京与天津的包围中，所以京津冀有4个三省交界点（红石门村、大岭后村、安平镇、小甸屯村）。后2个都在平原的村镇，寻访起来就像买菜一样容易，当然得不怕麻烦地打听，不在三交碑跟前儿的人一般不知道——只要不关乎自家的地界，普通老百姓谁关心什么界碑呀。比如老乡就问过我："找三省交界碑有什么用吗？"我只好笑说："有用，一脚踩三省，连喝三瓶啤酒。"

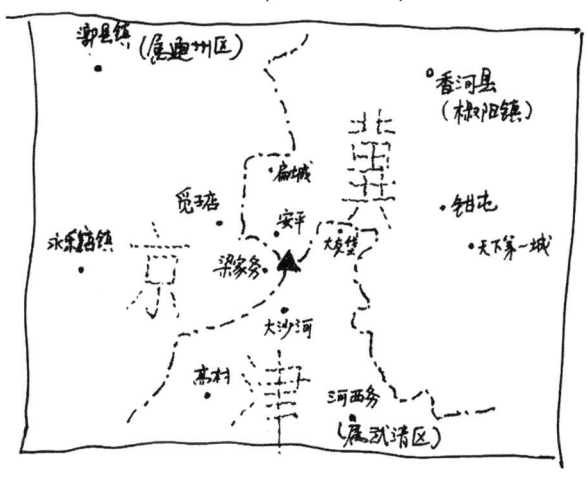

图 2-10 京津冀三省交界处示意图

11
三交点是一口井的苏皖鲁三省交界处

　　那个三省交界处有鲁之单县、苏之丰县、皖之砀山县。2000年，后小组在丰县、沛县搞过"未来之旅"——即模仿20年后的言行来喝酒旅游；20世纪90年代，专去单县喝羊汤、逛老牌坊；而砀山的汉墓就更有名了。我一直没去过交界点，何荣等朋友去那一带旅行，带回一张与老乡聚在一口高台井的照片，说这就是苏鲁皖三省交界点。2011年冬，我与孙民专门去寻访，提前也查了些资料，知道那一带和河南的虞城，为四省交汇地带，位于黄河故道，历史上多有水患，行政归属地多变，移民较多。长江一带的江苏人说起苏北，好像那是另一个穷省的口气。

我俩是从砀山县去的，此处口音皖味不足，羊汤仍好，也见售本地特产的草编。去三交处的玄庙乡的车站在北关，电动摩的5元即到，赶上经玄庙至刘暗楼的农村公交，每票6元。往果园场、马良，过一处废黄河，也见以杨木旋出薄片做五合板的作坊（本地地下水充足，杨树生长极快）。到了刘暗楼乡，问打麻将的老乡，知三省交界井在北面2.5千米处。先向东约1.5千米，顺小公路北拐，过了3个小村，就见路西有一个水泥修的六角小亭。亭内一大碑，上书"三省井，费孝通题，1994年"。碑下的亭内壁镌了"江苏、安徽、山东"，在地面的相应方向也写了三省全名。井上一方盖，盖下凹圆。碑上另言此处三省交界的三个村庄。1994年大旱，若干单位资助打下此井，井深80米。亭基的外壁西侧有"国务院1996年10月"字样，且外壁也有三省全名及一串界碑号，如"323437Ⅰ"。亭南有一大水坑，中央有一竹亭，但栈道已坏。此处是平原，稍起伏。最近的村子也在1千米外。并未遇见游人和老乡，也无公交车，又赶上小雨。

　　搭运沙车，行约5千米，到李溜村上了公交车，每票3元，5千米后到了江苏的王沟乡（属徐州地区的丰县）。见"皖鲁豫苏边界大市场"的牌子，此有三四条街，多是批发点。我俩找了两三家，择5元一床的小旅店，又从街上买了15元一只的鸭子等，商店的啤酒2元一瓶。我们玩这个三交的成本很低——但我的单帽在搭车时被吹掉在三省井一带了。

据说这一带的几个县，在1949年至1953年时属于湖西专署（湖指微山湖），也叫过平原省，后撤销，砀山归了安徽，丰县归了江苏。翌日早在街上吃包子，1元3个。后每票5元到了丰县。县广场有仿汉建筑和刘邦立像，下有介绍文字。我跟孙民讲，当年后小组搞过一次转勺之旅——以瓷勺置于皖鲁豫苏的四省交界处，转动勺把，最后去往勺把指向的省份——由于四交处的河南、山东角度太广，六次转勺的结果只有一次去了安徽的符离。

另外，这四省交界一带，被东西向的废黄河（黄河故道）贯通；今黄河在开封东面的兰考县已折东北向，沿豫鲁交界处至山东的东阿、平阴、济南、滨州、垦利而入海；而废黄河有若干段，在四省交界处以东的睢宁、宿迁等皆有痕迹（有的还修成了公园）。

严格来说，中国没有四省交界点。鲁豫皖的三省交界点距鲁皖苏的三省交界点直线距离也超过10千米。而山东的单县，确与皖之砀山、豫之虞城、苏之丰县接壤，所以可以说单县是四省交界县。

图 2-11　苏皖鲁三省交界处示意图

12

徒步南岭于湘桂粤三省交界处

2011年1月中旬,我与孙民、周围(摄影专业)"抄"完了湖南宁远县水市镇二柿园主阿休的老家(查祖坟、祠堂、老屋等),逛了九嶷山的几处名胜,肚满神足,想虐走一下粤桂湘三省交界的大山,访访南岭深处的瑶族。每人背了大包,而周围还加了装有三台相机的摄影包,阿休穿一双画家气质很足的翻毛皮靴。

2月19日,我们准备去江华瑶族自治县的码市镇开始徒步。但无直达的车,先上去蓝山县的车,一张票15元,约40千米,经冷水镇,14点到的蓝山县城。已错过去码市的车(早午各一班),即住下吃喝。我与孙民又去登了唐始建、明重修的 7 级阁塔，票价 3 元，塔略斜。宿费每床 10 元，有电热毯。

2月20日，打听得知三交处的山叫芙蓉山，1400多米高，位于南岭的主脊。乘车去码市，一票50元，100多千米。一个半小时后，过湘粤界入广东，经矮旦村（村人不高），经三水乡，经东阳（附近有去田心山自然保护区的路口），经有仿古街的东陂（原为大商埠），经清水镇（附近有锰矿）。又西行，复入湖南，共约3小时到码市镇，此为水陆大镇。打听出去三交的白石关（属湘），约20千米，有小水泥路。开始步行，阳光好，在一小饭馆门口吃喝，啤酒开盖多有奖。行于山地，时上下。过乌陂村，很大，多二层老屋。坡上多杉、松，也有小水库。过安宁村，在黄石村打听芙蓉山，老乡说也叫金子山，曾有金矿。前行2千米过一条40米宽的河，石桥很窄。打听了对面是大塘村，不过桥往右走几里就是界处的白石关；过桥1千米是瓦城村。南望可见坡上的白石村，若过村即入广东连山壮族瑶族自治县的禾洞镇。我们打算宿在瓦城村村委会的李秘书家——刚才走路上逢他从江华县城开完会回村而识。村多稻、竹，也多老屋。买了方便面、啤酒等，吃老乡的腊肉，又陪李秘书喝酒。得知广东那边搞芙蓉山旅游开发,后没搞成;国民党撤退前在那一带埋了宝。李又给我们画了三交一带的地图,大致路线是:大塘石桥——黄石——2千米后军桥——3千米后水井——2千米后杉木村——5千米后芙蓉山;也可从禾洞到金子山(芙蓉山)——但此路不好辨。又知广东那侧管界山也叫大竹坳,湖南这边叫冷水沟;码市曾划广东,但终未成。

2月21日,早吃方便面,阿休去买了15元一双的胶鞋。上路,见村中的公告,如1.9千米路硬化费用19万,每家捐款数,又如涉枪、惩治恶霸(估计当地民风略悍)。望见白石村,据说古时为关,现无关门,仅一道崖下小谷,狭仄,过关10多千米即广东的禾洞镇。见老乡运树苗,杉苗0.25元,松苗0.35元,也见割松胶者。这一带林密,或有间伐。见不少穿传统服饰的瑶族人,老乡说不少是江西、福建迁来的汉族,瑶族自治县设立后,他们就入乡随俗。本地为梧州方言。从黄石,步行向军桥、杉木村,约中午到。村居坡上,多木板牛棚、老屋,在小卖部买啤酒、花生、方便面。因上午小雨,衣半湿。知由此翻山,两个半小时可到广西的均洞,4个小时可到广东的禾洞。此杉木村,有70户人家,原为汉族，后改成瑶族。出村上坡走小道，穿到土公路，上坡，半个小时到仅两三户的大板村。在木堆上歇、洗，小狗叼走我鞋垫。东南望皆大山。问路后，沿梯田上坡，辗转上坡，又入林间，行3千米至山顶，多经瀑布、泉水，走了100分钟。山口即界，此左通芙蓉山。已在南岭主脊，光膀晒阳后，我们走右侧小路去广西桂岭乡的均洞。下坡，林中有小路。不久走上了运木材的土公路，岔口太多，应尽是朝下坡走。走过被水冲毁的通路，略险。从山口至谷底小公路，我与孙民用一小时多，阿休与周围晚半小时多。过了一小庙一老树，到了均洞村口，此有小卖部。再下坡，约2千米入莲花乡，有两家饭馆、一家旅馆——40元一间。吃腊肉、茄子，啤酒3元。老板娘讲这一带多是壮族；年轻人多外出打工；本地有"三步倒"（一种毒蛇）；此早上有两班车去贺县（贺州市八步区）……

　　翌日我与孙民欲去会同小招的家，而阿休与周围言这几日太累，得找地方休息。

　　近年听说那个三省交界处立有一块三角锥形碑。

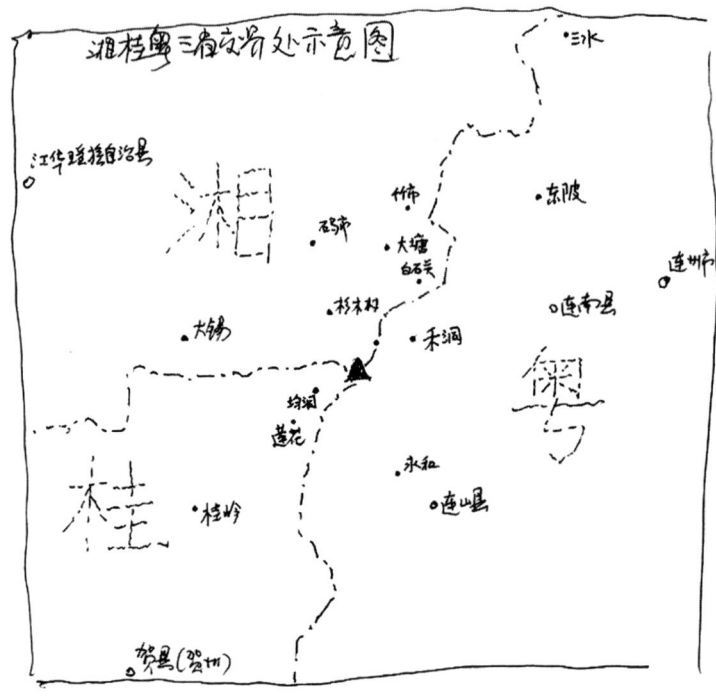

图 2-12　湘桂粤三省交界处示意图

13
黄河故道湿地中的豫皖鲁三省交界点

2011年12月初某日午后,我与孙民鞋袜全湿地站到了豫皖鲁三省交界碑前。我们不是纯为此三交点的旅行,而是先在河南民权县玩完。从县城上了去白云寺镇的车,一票6元,一路多见压合板的作坊。白云禅寺,康熙年修。门楼多雕砖,门票10元,没进,绕庙院外一周,估长200米、宽180米,此寺号称豫东四大古刹之一,传顺治在此秘密出家。又步行6千米去吴岗遗址,此地出土过商、周及宋的文物,老乡邀去其家看陶罐。又乘车去顺河的庄子故里,路过黄河故道及各种渔庄。顺河镇有庄子花岗岩雕像,高4米,长髯,多抬头纹。又东行1千米,见"庄子胡同"、六角亭(有古井）、青莲寺遗址等。周边多麦田，见采下的棉、晾晒的辣椒。后又去山东曹县，晚上才到三省交界县单县南的高韦庄镇。准备第二天去寻三交点。

镇街脏乱，择3元一床的小旅店，与一打井小伙一屋，他讲一般打1米需四五元，井深50米左右就行。买卤鸭、凉菜共18元，2元的啤酒买了5瓶。聊打井、黄河故道、黄河鲤鱼养殖、本地板材加工业等。翌日早饭后，向东步行约3千米后，帮人推陷泥的拉木头的拖拉机，即搭上3千米。步行2千米后，又搭上辽宁车牌的小轿车，7千米后到黄岗村，又步行。后又搭上调查小超市市场的小吴的轿车，他是单县人，热情，搭约35千米到了杨楼集乡的大李庄（图标姜李庄），小吴还电话帮问三省交界点的具体位置。他不要车费，互留电话，我欢迎他来北京——但据我无数次经验，帮助你的外地人从来没打来过"我来北京啦……"的电话。另我和孙民也觉得，越是在农村，搭小轿车越容易。

我俩在超市买了馍、鸡腿、啤酒，饱后向南步行。没有正经路，过湿地保护区（此带老黄河时断时续、时沼时湖），见不少鹤、野鸭、鸥等，也见了看林子或湿地的临时房。又一路打听，共走了约3里，最后蹚了100多米宽的浅水洼，在一条泥路的西侧见到了三省交界碑：石灰岩质，座边约 30 厘米，高约 90 厘米，三角每边约 25 厘米，写"山东""河南""安徽"及"国务院 1996 年立"。周围多杨树林，地皆落叶腐泥。最近的房子在 1 千米外，是安徽方向的养殖场（成排简易房）。几里后，到了砀山县的贾庄，村中几乎无人，又偏西行到了前张集，在小卖部买啤酒。又冒小雨步行，再搭电动三轮，10 元，约 4 千米到了官庄，上了去砀山县城的车，一票 6 元。砀山来过几次，知春秋时为宋（其蒙地即庄子故里），秦始皇时设砀郡，刘邦做过砀郡长……民国时属江苏，解放后初期属皖，后划给苏，1955 年回归皖；属黄泛区。砀山西邻的河南虞城县、北邻的山东单县也是黄泛区；此三县物产差不多，如小麦、玉米、棉花等，只是虞城和单县的古迹留下来的多一些。另外也要提到，此三省交界点东北 10 多千米外就是皖苏鲁的三省交界点（砀山、丰县、单县）。

我曾给洛阳的"云下"（一个户外小组）出过"两个三省交界点 AB 组换访"的主意：各组抓阄先到访一个三交点后，徒步尽量沿省界去往另一个三交点；AB 组应在中途相遇；以全组（A 组或 B 组）同时先到达第二个三交点为胜；

中途换好车钥匙，便于再开对方那组的车去县城或大镇集合；中途相会时不得留下另一组的队员当向导；当然可以会师大餐，再分别誓师出发。

我和孙民开始还想沿着两省的省界，徒步去皖鲁苏的三交点，但没有骑在界上的路，不是沼泥、河塘，就是林地、农地。估算了一下，弯弯曲曲的省界至少20千米。我俩鞋湿身冷衣脏，不像勘界小组的，但也不像逃犯。不少老乡问我们："你们是收什么的？"我们实说是旅游的。一个老乡不信："这有啥好旅游的，我知道你们是收古董的。"

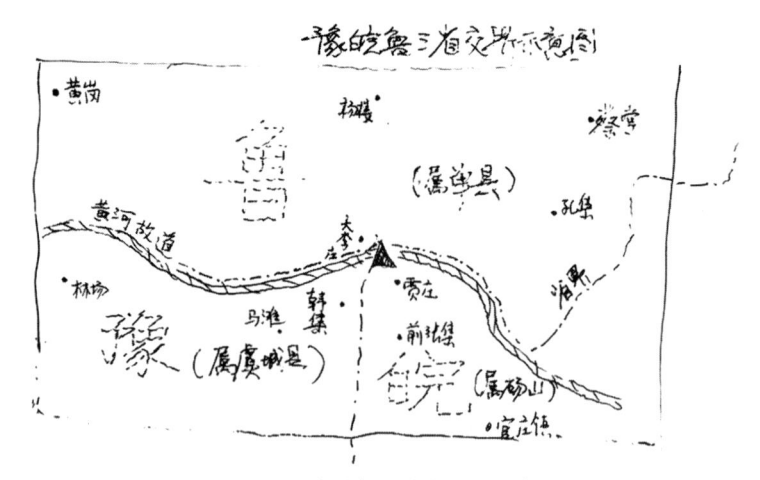

图 2-13　豫皖鲁三省交界处示意图

14

金沙江畔的川滇藏三省交界处

　　川之巴塘县、滇之德钦县、藏之芒康县为接壤或隔江之三县，各县城我均去过几次，也有些好玩的事。而最接近三交点仅有一次，是在金沙江东岸的巴塘县昌波乡一带的土石公路上，踩着的是四川，隔江望去，左眼是云南德钦县境，右眼是西藏芒康县境。那次是我与老朋友西恭、老魏驱车玩川滇藏交界处一带，简说一下。2008年10月初，我们在巴塘北部措拉乡的措普沟因陷车，在冰河滩中冻了一夜。翌日早藏族牧人带粗木绳索救出后，在巴塘又寻到1992年我住过的新华书店旧址，又经竹巴笼，但没过金沙江桥，而是沿江东岸土路公路南下，一路峡江相伴，人烟很少，经苏洼龙乡，就到了昌波乡——当地人说这就是离三省交界点最近的乡，江对面就是西藏和云南（查地图知是德钦县的羊拉乡）。但我没问有无交界碑，并且对岸羊拉乡离县城太远我也没去过。我们继续南行，离开江岸，经茨巫乡到了得荣县——旅游开发得不错，宾馆也较标准，金沙江鱼更是美味（就是有些贵）。下一日，我们经古学（新鲜的是见可食用的剑麻）、金沙江伏龙新桥（老桥可做徒步练胆用）、奔子栏，就到了德钦。吃炖鸡等后，就去看卡格博（亦名卡瓦格博）神山，运气好，看见了。后沿澜沧江经佛山乡入西藏境，到了盐井教堂一看，是新堂，19世纪末的老堂已拆了，太可惜，听说修女马丽亚结婚了，堂中自酿的葡萄酒也涨了几倍价了。去盐井中学找到马丽亚，见到了她教书的丈夫和两个孩子，与她忆说5年前在老堂认识的情形。当晚我们宿在曲孜卡的温泉酒店。

20世纪90年代，我走川藏南线时，在巴塘患重感冒发高烧，浙江的两个裁缝小伙收留了我，住在他们位于新华书店楼上的宿舍，他们给我买药、做病号饭（挂面煮军用罐头红烧肉）。3天以后，我晃悠悠下楼，在一层售书大厅竟买到一本《霍乱时期的爱情》。那时一周才有一班从巴塘到康定的车。

20世纪80年代,我走滇藏线,好不容易坐拥挤的长途车从中甸(现名香格里拉)到了德钦,不光没有客车,去往西藏盐井的澜沧江公路发生塌方,连卡车也没有。住了一天,正准备徒步入藏时,一藏族人的大卡车载了十几位藏族人准备硬过,车上载着铁镐,那藏族司机腰别手枪,在塌方处指挥排石,在斜向江峡约30度的塌方坡上轰轰而过——藏族人都集中到车的内侧以体重平衡车重,而我们几个汉族人是灰溜溜地走过塌方坡的。梅里雪山可以做证,平原人上高原就是不如本地人生猛豪爽。

2000年过后没几年,我与老魏等就访过盐井的老堂,对藏族的信众、本堂的葡萄酒、当年法国人来此传教等第一次有了一些当面的了解。修女马丽亚,年轻大方,一袭黑袍,回答了我们很多问题,而那个老嬷嬷则领我们去窖房参观葡萄酒——我们用便宜的价格买了一大桶。记得当时藏族的神父不在,去西昌学习了。我们也去澜沧江边看了卤井和层层的盐田,还过铁索吊桥到对岸的村中了。

川滇藏三省交界一带,是地理上著名的横断山区,金沙江、澜沧江、怒江、独龙江和宁静山、他念他翁山、伯舒拉岭在最窄处不到100千米的宽度内,紧促并列,山高谷深,多有奇观。横断横断，横横断断，我多次旅行到这里，每次都感叹自然的伟力。

从谭其骧主编的清代地图上，可以看出那时的川藏交界不是金沙江，而约是宁静山脉的某条山脊，即现在西藏的盐井（曾设县，后撤销）、贡觉县都属四川，那时的三省交界点大约在盐井偏南一处（据说南墩子一带还有清朝留下的界碑）。

现在川滇藏三交处是旅游热点，尤其梅里雪山一带，人们转神山卡瓦格博祈福，又分大转小转。我与老魏等走丙察察时，在怒江边的察瓦龙见过大转的上海白领，也在澜沧江边的温泉见过山西煤老板。其实那一带游人罕至的是雄松的三岩地区，有强悍的民风、独特的民俗，曾是金沙江西岸远离现代社会的僻地。

图 2-14　川滇藏三省交界处示意图

15

麦地中的冀鲁豫三省交界点

这大约是在 2002 年的事，记不太清楚，翻找笔记又太麻烦，好歹找到当年用过的华北地图（我爱在地图上标注），可以写写了。当年是西恭、老魏等朋友，开两辆车准备去诗人简宁的老家玩，我提议顺路去看看冀鲁豫的三省交界处，又说那曾是革命老区，好多领导都在那战斗、生活过，并且大名县的二毛烧鸡有名。大名县北的馆陶县也是诗人玄覆的老家。冀之大名、鲁之莘县、豫之南乐是交界县，那一带属黄河冲积平原，盛产粮棉，后又开发了油田。我们是按着地图，先到了大名县的束馆镇，就开始打听，经两三个小村后，老乡指一片麦地，说那有个三角碑就是三省交界。当时是4月，麦苗不矮，看不见碑。老乡带我们走几百米到了碑前。碑是水泥的，三角柱型，每面分写"山东""河北""河南"及"国务院1990年"。从老乡处得知，大名县和南乐县人少些（各约50万），莘县人多（约百万）；这里的老区是陈再道创建的，解放前后一段时间这里还叫平原省呢。当时同行的人也拍了照片，还表示这三省交界点没什么特色。

近些年，我与朋友又去过那一带，但没再去过那个三省交界点，只是听说那个三省交界点成了旅游点，修了一个小亭子，附近还有革命老区陈列馆。我的朋友宁导是莘县宁堂村人，我见过他拍的介绍莘县地区乡村农业、养殖业的片子。莘县紧邻阳谷，那一带的人都保留些水泊梁山的豪义精神。

今冀鲁豫三省交界处有一条河叫卫河，春秋时此带也属卫国，那一带的名胜古迹我访问的不多。约是2018年11月，文史知识丰富的小磊带我与孙民去邯郸、濮阳旅游，在此摘录些笔记：……至"戚邑"，看子路坟、祠……此带属卫国及更早的裴家岗、龙山文化，看了考古发掘场地、澶渊会盟台。小磊说《左传》记会盟八九次。经南乐县至大名，入大名府老城，四门已修复，吃二毛烧鸡（19元一斤）。老城内也有老堂，高近50米，1908年建，属方济各教派；城内也有清真女寺；香油坊不少，也有特产香肠与烧饼，加上烧鸡，俗称"二五八"。又去城东看礼记碑，高12米，碑额书"大观礼记碑"，传宋徽宗为整纲纪而建。附近也有"大唐狄梁公之碑"。

莘县有抗日英雄马本斋陵园。马本斋长得英武朗俊，大智大勇又极重孝，我敬佩他，他不光是回族的骄傲。在莘县、大名一带旅游时，我常能见到特别精神的回族汉子，当然也有仪表不俗的汉族爷们。我争取以后去莘县住几天，那一带的水浒故事自有民间的版本。

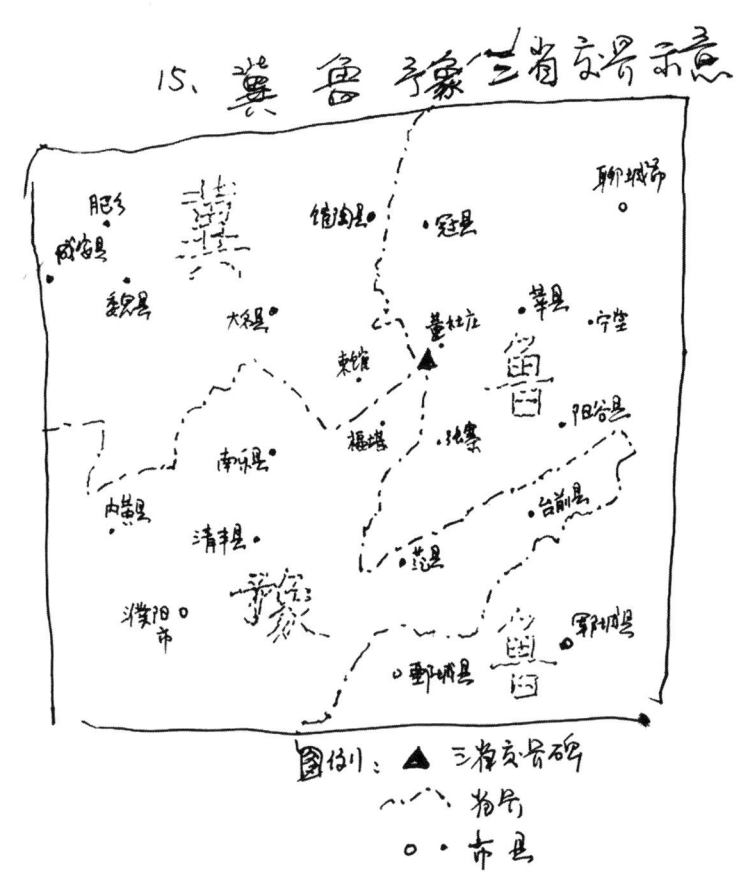

图 2-15　冀鲁豫三省交界示意

16
干涸河道中的晋冀豫三省交界点

晋之平顺县、冀之涉县、豫之林州市为三省相交的县市，这些地方我多次走过。20世纪90年代末，高星的朋友就带我和作家狗子转过涉县的娲皇宫等，那里的人要给我们算命时，反被我俩算了。我俩还去了晋冀豫边区的某个遗址，自然在涉县、武安一带大吃大喝，肚胀腿痒，我与狗子就硬别了朋友，从涉县城头向西走了多半天，翻太行，到了山西的东阳关——还在省界的山脊上寻找城墙的遗迹，后又经黎城、潞城去了平顺县和当时的林县（现河南省林州市）。

约2018年，我与西恭等朋友又驱车转悠长治地区，打听解放前太岳军区的遗迹，吃住在平顺县城时，打听本地籍上党小调歌手大鹏及其乐队的轶事，访问了当年合作社的优秀典型申纪兰的家乡西沟，又看了唐代原构的大云院和原起寺（大殿均不高，梁柱厚实）等，印象最深的是与林州交界处的金灯寺的塔林和带水池的佛窟，而虹梯关的盘旋古道竟如同白陉七十二拐。

　　访此三省交界点，我记得的经过是：当年我与狗子从潞城乘车去往三省交界处和红旗渠，进入平顺县境后，车在浊漳河北岸的悬崖上行驶，俯望着峡底的河流、村庄、绿岸，觉有古朴诗意，我还说以后要沿着这一段浊漳河徒步，甚至还背了几句《漳河水》。那一带属于太行山区，山峭谷深，农地少又灌溉难，所以林县人悬山造渠开隧引水，仅凭大锤和炸药凿了罕见的天河——红旗渠。水是从平顺境的石城附近开始引的，司机给我俩指着讲了渠首和过水隧洞（青年洞）等。公路在浊漳河和红旗渠的北侧，后渠越来越高。车经过一座桥时，司机说这桥就是三省交界处。我估摸着，桥西属晋，桥东属冀与豫——此二省的省界又在弯曲的河道上。后又随红旗渠的总干渠南行，经任村到了林县，然后吃小馆、宿小店（宿费一人应不超 8 元）、买 5 元一盒的红旗渠牌烟。当然，我俩都看过几十年前的纪录片《红旗渠》。

近些年我对那一带又多些了解。七八年前有朋友从那边玩回来告诉我，三省交界碑在桥下的干河道里；红旗渠成了收费旅游区，有不少景点，什么古桥呀、潭呀；浊漳河里基本没水，水都在上游由红旗渠截了。前两年，朋友小磊、小华在浊漳河沿岸细致游玩，主要针对古寺古塔，除原起寺、大云院，还访了平顺境的淳化寺、龙门寺、三晋碑、舍利塔等。燃灯寺旁边的大山就是林虑山，听说已开发成大峡谷公园，还听说里面有滑翔伞基地。我则想起6年前我写过中国滑翔伞第一人张云鹏的采访记，他多次给我讲过林虑山，甚至他的车上也写着"林虑山滑翔伞基地"。林州与安阳交界的山上，有一座唐代的修定寺塔，前年我与小蔡、张弛去寻访，令人震惊：国内最高大的四方型石塔，外壁有几千佛像而姿态各异；全国文物保护单位却不收费；虽有铁围栅，但人可进入抚摸；处僻地而交通不便；"文化大革命"时乡民为保护而以草泥糊住了塔外壁并写上革命口号；但附近霾气较重。林州前两年在石大沟搞了诗会，我和效刚、世友君等几十人也去参加……

那个三省交界处再外延一些，仍有不少南太行腹地的胜景，除收费的青莲寺、挂壁公路、哈楼梯等，另有不收费的马武寨—抱犊村越野线、马圪当—白陉线、太行陉碗子城等。但那一带我没去过碗底村，估计现在也热闹了。

图 2-16　晋冀豫三省交界示意图

17
太浦河岸的苏浙沪三省交界碑

上海也有一个三省交界点,图标是上海青浦区金泽镇与浙江嘉善县西塘镇及江苏苏州市吴江区汾湖交界,交界线在太浦河一带。为求具体,我与小蔡、孙民就搞了一个苏浙沪三省交界点之游。其实 20 世纪 80 年代中期,我在上海《青年报》撰稿时,就与报社的郑煜从东湖路骑车去过青浦的淀山湖玩过,记得一条老街上的馆子很地道。10 年前也去吴江的同里镇食宿过。所以这年的 12 月中旬,先逛嘉善。看了东门附近已迁毕的老巷魏塘巷,空屋内皆垃圾,护城河水倒还干净。又看了仅剩的东门门楼,匾书"东门",其附近为滨河绿地,有老城沙盘(似铜雕)——见原城四门,内河道纵横，介绍说是明宣德年间建城。孙民说此带有两古塔，当地人说早就在"破四旧""文化大革命"时没了。我们食宿在高楼区的体育南路，三人大喝，计雪花纯生4瓶、百威12瓶，吃牛杂火锅、焖鸭、干鸭头等，后返房间又买崂山啤酒。向西局书局周年庆发贺电。

翌日早在嘉善乘发往丁栅的公交，投币2元。路过了钮扣专业村、西塘旅游点等，约15千米到荻沼村。此带湖河纵横，民居干净，但老乡均不知有三省交界碑，仅知太浦河是界。我们向北步行，过了什么葫村、花楼村，约3千米到太浦河南岸，河宽百米，多有千吨以上货船，河岸石砌整齐，东西向，水还干净，岸边有水源保护牌。见对岸318国道上竖大的指示牌，"上海→"（往东），"←江苏"（往西），而这边岸上有一块双面小水泥桩，南面写"浙江"及"2009，国务院，Ⅱ"，估河对面也有类似的碑。沿南岸向西行，不知不觉出浙入苏，过一片小湖即几家吴江的工厂。再西行2千米，至汾湖大桥，约200米长。过桥即在江苏，向东沿318国道行约4千米，在一桥头西侧（桥下有河向南注入太浦河），孙民先见到一块三角碑。

从荻沼至此碑，我们已走了3个小时。碑三角柱型，高约80厘米，每边长约30厘米，花岗岩，碑顶有标方向的"十"；东北面写"上海"，西北写"江苏"，另有"国务院2015年"；但碑的南面是空白——正朝着河对岸刚才见到的写浙江的界碑（那碑朝北也是空面）。这便是三省交界点之三省碑一组两块的例子。类似例子也有，是西局书局的吴天晖带我和小力访北京市东城西城丰台三区交界碑：两碑隔河而向，南面的三角碑背河两面各书"东城""丰台"，向河一面空白；北面的三角碑背河两面为空，仅碑北面写"西城"。只是苏浙沪这三省交界点一组碑中的一块是两面型，年代也不一。318国道三省碑的碑座也写了由青浦的金泽、吴江的黎里管护。边上还有一座大型的"太浦河工程纪念碑"，大意是太湖曾发洪致患，10年前修成太湖至黄浦江的太浦河（长约57千米）。

我们打车去上海青浦的金泽镇，吃翘口鱼（疑似鲈鱼）、猪肚等，孙民喝1瓶乌毡帽，我与小蔡喝5瓶啤酒。知附近有陈云故居、淀山湖、石湖荡等。聊得高兴，小蔡说三人找三交点应各抽三种烟，他带了来自三地的南京、利群和牡丹香烟。我讲些当年在青浦、吴江玩的事，孙民说要是以前肯定得先去嘉兴的南湖。小蔡揣了我写的烟盒诗，在金泽乘大巴返上海。我与孙民先是花1元车费乘公交至黎里，又花1元车费乘公交至莘塔（未见塔，只见成片的塔楼），再花8元车费乘公交到了吴江。再乘705路公交经10多站到了老城区，省得楼高眼晕，择了两间90元的房间。晚饭时等来了从嘉定赶来的画家小炜、小热。先吃羊肉面、羊蹄，喝百威和黄酒，孙民说本地的黄酒比北京同价位的好喝多了。返回房间，我们三人大喝，孙民喝3瓶黄酒，我与小炜喝二十几听雪花啤酒，聊及新风格的哲学导论和美术史导论。至夜里2点，半迷而睡，房间有空调（若无空调的每间70元，但当天最低温度已零下3度）。

翌日上午，让年轻人睡觉，我与孙民出门吃早餐，前一天喝的多，现在只想喝粥。在附近看了明代的三角井，就在街边，用玻璃罩着，是一块三角形整石凿出三孔的井，可供三人同时打水——孙民说皖鲁苏三省交界井也不过一个井孔，三个井孔应起不同的名字。三角井广场有一棵古树（似银杏）。再往东行一里，即著名的江南第一长桥（始建于宋代）——现仅桥两侧各剩六七孔，中间部分已毁。桥北有一新修的阁塔。

图 2-17 苏浙沪三省交界示意图

18
黄柏山景区中的鄂豫皖三省交界点

鄂豫皖的三省交界县是麻城、商城、金寨，具体的交界点是在近些年开发的旅游区黄柏山国家森林公园内。此公园为河南方面开发，它与湖北开发的狮子峰景区又相连，当然都收费不菲。商城、麻城、金寨及邻近等县，我20年前就去玩过，印象深的是那个大别山腹地出将军，麻城也出过一个著名诗人于斯。2017年9月，因"阿列夫"问题须讨论，我们以为在鄂豫皖三交一带更有意思，就动用了点朱氏阿列夫基金，加上朋友汉行的慷慨，我与太空诗人小力、荣格研究者孙民、博尔赫斯专家汉行和制药公司的王总，就有了这次更具体的旅行。以下为那几日与三交点有关的日记摘抄。

9月2日，访光山县的宋代净居寺（号称天台祖庭），在泼陂镇像泼皮一样吃喝后就到了商城。

9月3日，访位于城区一中校园内的崇福寺塔——明代建，砖筑，七级六角，20米高。后驱车南行，经温泉路口、长竹园镇，至三省交界处的黄柏山景区，门票120元，60岁以上半价，汉行掏钱。逢雨雾，乘景区车上山，司机说："有个山头叫三不管，那就是三省交界点，没见过碑。"但我估计有碑。懒得看峡、峰、松、竹胜景，直接在山上的旅游车停靠站找一小店，吃溜达鸡（135元），很地道，每人4瓶啤酒，小力、王总又各喝半斤白酒。又乘旅游车去访法眼寺，此号称法眼宗祖庭，寺为新修，辉煌，此寺出过明代的高僧无念禅师。寺前有两株巨大银杏，小力去造型合影。又去附近看无念禅师的灵塔——四级小石塔，唐代风格，此塔因当年巡抚梅之焕倡议修建，故又称梅老塔。当天正逢庙会，老乡多来歌舞唱戏。返回门口停车处，汉行驾车，又经长竹园，入湖北麻城境，经福田河，又入河南。此三交一带，大山重叠，多松竹峡泉，口音区分不大。也知从黄柏山往南有路可至湖北麻城的狮子山。

9月4日，别了汉行等人后，我与小力、孙民在黄昏又到了麻城。见了台湾街、仿古街、孝感文化园（含进士阁）等，宿蓝天旅社，3人间70元，带卫生间。吃本地的蒸肉膏（鱼肉加猪肉、淀粉）、干豆角蒸肉等，喝啤酒。打听了柏子塔、狮子峰、三交点等。

9月5日，乘去闫河的小公共，一票10元，约10千米到。沿着闫河西行，走6千米时见"九龙山地质公园"；过了三四个小村，进了钓鱼台村（内有李贽教书旧址及小庙）。进柏子湾村，见农家乐后即到九龙寺及两株古柏。寺后坡顶即柏子塔，2006年被批准为全国重点文物保护单位；始建于唐德宗（李适）年间，由虚应禅师等人建；高40多米、六角、九级、阁式；看出第八九层有新修痕；当地人说日本人曾轰掉过一截，10年前还是残的……塔建在发红的岩石上……。站在塔处可望见白色楼群的麻城，塔东下有从北往南的单线高铁。下到九龙寺遇居士，吃斋，说住持下山去了。返闫家河，乘小公共，8元一票，约12千米到三河口镇，见水库清、山林绿……宿100元三人间，洗热水澡。孙民用手机查询，说：往北的张广河以北有古隘门关，历史上太平军曾攻打过；张广河距法眼寺约10千米；有地名"三不管"……

9月6日，步行加搭农用车，共行约12千米到张广河——原是乡（林场），现仍有小学、农家乐……向北步行约6千米，路边野餐，后搭上李勇先生的车（他在法眼寺有工程），坡更陡，云飘松闪，约10千米，直进狮子山景区（没买票），停车看中原第一松（垂枝式）、玻璃栈道等，又顺路再入黄柏山景区看法眼寺及李先生民居院中的兰花。也打听而知：不知有三省碑，只知有一山头叫"三不管"，山脊上还搞风力发电……

我与孙民、小力又来到几天前到过的长竹园，择60元的三人间。吃红烧肉、鱼块，他俩喝当地50度米酒，我喝5瓶啤酒。店老板又说：少时常翻山去湖北、安徽，在"三不管"那山从没听说有三省碑……

9月7日，早饭后，逛长竹园街，也见潢川的上游（有人网鱼）。街上有收药的店，如七叶一枝花一斤要200～400元，治瘀伤；断血流草，几元一斤。乘小公共，10元一票，行60千米，经达权店、温泉路口，到商城。转去金寨方向的车，北行50千米，经上石桥到固始，一票20元。在老城区吃鹅块、喝白酒和啤酒。又经叶集至金寨，登将军山、吃土猪肉，知金寨原在水库的位置，此城是整体迁来，也打听了从金寨去三交处的"三不管"山的路线。第二天我们要去六安喝雀舌茶并看三皇时的皋陶墓。

估计是为了开发旅游、抬升地位,不乏古寺自称"某某宗祖庭"者,如鄂豫交界处的法眼寺,介绍牌上写着"法眼宗祖庭"。我知南京的鼓楼区有个清凉寺,介绍上说得明白,大意是文益禅师从清原行思禅师处得法后在石头寺(今清凉寺)创法眼宗。另,黄柏山,也称黄檗山,而江西宜丰也有黄檗山,那有临济宗祖庭(义玄创)。我不太懂佛教,但知"天下名山僧占多",如禅宗"五叶"的云门宗祖庭在乳源的云门山,曹洞宗的祖庭在宜黄的曹山,沩仰宗的祖庭在宜春的仰山。我和朋友去过这些地方,现在因山景好而修成了旅游区,有的还收费不低。我们的后小组一般是不进收费景区的,但架不住当地朋友热情,像黄柏山还进了两次,有些像"腐败游"(在山里食有肉、行有车),而没苦寻三省交界点。

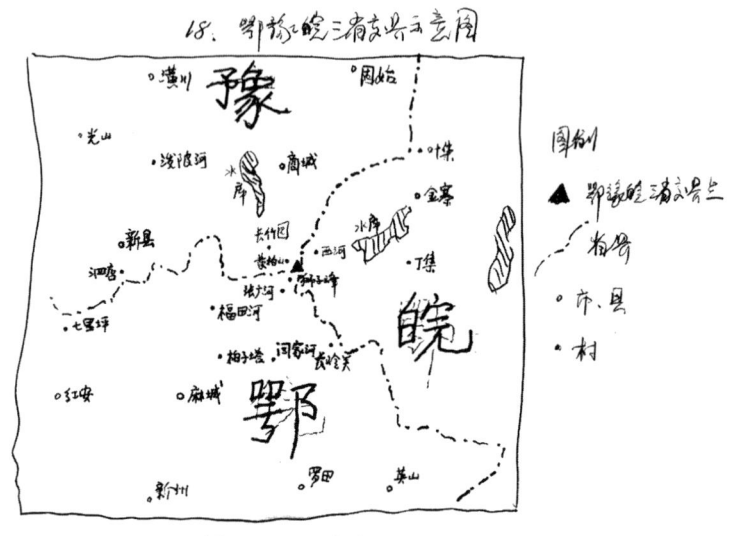

图 2-18　鄂豫皖三省交界示意图

19
黄河岸上的晋陕蒙三省交界处

内蒙古的准格尔旗、陕西的府谷县、山西的河曲县为三省的交界县，交界处紧挨河曲县城文笔镇（现西口镇），黄河东岸为山西，西岸偏北为内蒙古、偏南为陕西。第一次去那一带还是20世纪80年代中期，那时我还是豪气哄哄的诗人，准备模仿旅行家、诗人肖长春——他徒步走完黄河的全段，我只选陕晋交界的晋陕峡谷一段。从内蒙古的清水河县到偏关后，我沿着黄河东岸的土公路，步行到河曲县。记得在路上，常爬上烽火台，还路过了娘娘滩一个什么庙，只是觉得河弯路弯，看见县城了也得绕走半天。晚上是住在仅剩老两口的老乡家，用大瓦盆洗脚，临走给了大约1块钱。从河曲又往保德县走，黄河已经看烦了。晚上宿在巡镇的旅店，因附近有煤矿，被子发黑，但通炕的灶烧得火热，与同炕的人又喝了点杏花村出的烧酒。晚上那屋里，又是臭脚丫味又是酒味。走到了保德，又过大桥到府谷县城看看。脚疼，实在不想走了，但当时又无沿黄河行的长途车。正好在保德的黄河岸，有运化肥的船南下，我就搭上了。船行晋陕峡谷中，顺着水流，一会儿贴陕之崖侧，一会儿又在两滩间撑篙而过。船略漏水，我为取暖，主动拿簸箕帮忙往外淘水。记得经过了裴家川，下船的地方叫林遮峪，船行有几个小时。

2015年与西恭、老魏又驾车游了一次这个三交处，比较享受。河曲县城西滨黄河已开发了旅游，修了仿古建筑，立着古渡口大牌。我们看完了文笔塔，就坐在渡口附近的一家鱼庄，吃柴灶炖鱼——现烧柴现下鱼。喝起来，与本地人聊天得知：鱼是黄河鲤鱼，但也有养殖的；本县大约15万人，主要经济支柱是煤、铝、石灰（公路边多石灰窑，故空气一般）；本地人爱唱二人台。我们还去了偏关县的万家寨大型水利枢纽，到对岸的准格尔旗境看了看——那边地处鄂尔多斯高原，人口有20多万——据说清朝时有大量汉民去那边垦荒，当地的蒙古族不到十分之一。万家寨北的黄河老牛湾也去看了，它多见于摄影展，有黄河湾、古城墙、老民居，只是游人较多，也收门票，还莫名其妙修了八卦坛。我则想起80年代肖长春在年三十徒步到这里，为了过年，破例高消费吃了半斤饺子。老牛湾再往北的黄河就是内蒙古境内的清水河县与准格尔旗的界线了。

现在整个晋陕峡谷两岸都修了公路，但运矿石的大车也多了，不是特别适合黄河徒步。当年仅一条街的府谷县城，现也有了高楼小区。府谷和保德这两个县城，以桥相连。在府谷的自由市场，有不少骑电动车过来买菜的山西人，估计是这边的便宜。府谷属陕西的榆林地区，以前偏僻，现也通了铁路，又紧挨煤炭大县神木，人们衣着已不逊地级市榆林。

我不知道晋陕蒙三省交界点的准确位置，因为没有沿着河曲对岸的黄河西岸走过，但听说西岸也有柏油公路，在路边靠岸处有一块三省交界碑。

补记：2020年9月，我与孙民由准格尔旗龙口镇的马栅，沿着黄河右岸公路，背着啤酒和食物，因无公交且打车太贵，步行了14千米，经过了已废的西口渡及伏宁寺、明长城延绥镇的最东端（城墙很破，但有文保碑）、马栅革命教育基地等，在小占村南寻到已开发旅游的三省交界处。见到2013年国务院立的三省界碑，碑高约1米，上镌"内蒙古/陕西/山西/A"等。该界碑辐出陕西府谷黄甫镇、内蒙古准格尔旗龙口镇、山西河曲文笔镇。此处有巨型公鸡塑像及廊阁栈道，原有游船可至对岸文笔镇（后因事故取消），小占村多农家乐。后我与孙民搭车至龙口镇，又至镇北的黄河大桥，在桥头乘公交时须戴口罩，约15千米，经罗圈堡（在坡上，堡墙较完整）就到了河曲县城。

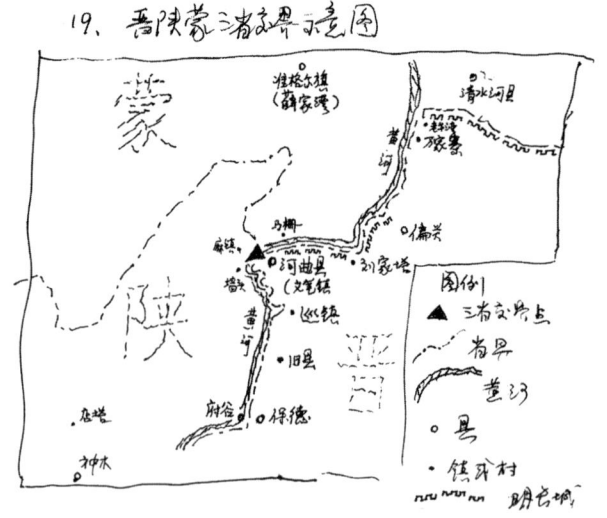

图 2-19　晋陕蒙三省交界示意图

20
风陵古渡边的晋陕豫三省交界处

20世纪70年代末的一个暑假,我和发小赵小兵就为风陵渡、潼关和华山的历史地名感召而去旅游过。坐火车在黑漆漆的风陵渡火车站下车,等到天亮,向南奔到黄河岸。黄河宽绵,没见到船,看到铁路向南岸。老乡说铁路桥不让过人,我们不听,过桥头小房时竟没被拦下,就沿着铁轨侧的维修木板道南行。木板路很窄,但每隔50米就有一处外凸的安全站,所以火车老远来的时候,我俩得以避入——那也被啸风吹得身子发斜,得抓住铁栏,耳朵欲聋。我俩自豪,这么有名的风陵渡哪能坐着车过呢。那时没钱,宿在华山进山口的一处庙檐下,天亮后开始爬华山,门票记得是一两角钱。游人也少。渴了路边有泉，饿了有带的馒头。同行的还有小脚老太太，说是上去烧香。我们一举登上了西峰、北峰等——当时有的栈道还没恢复。

潼关、芮城、灵宝是三省交界的县，这些年也分别去玩过几次。灵宝最有名的是函谷关，去的时候已经收费，还有领导人的题字。关键是我觉得函谷关，山矮谷宽，不像险关。懒得细看，就坐在景区大门口的摊上喝啤酒、吃凉粉，但凉粉不太地道，我就对小贩说："粉可粉，非常粉。"小贩还纠正我呢："不对，是'道可道，非常道'。"那次我们从灵宝又经朱阳（似古有朱阳关）进了伏牛山区——但土路太难走，逢小雪泥泞，买的防滑链尺寸又不够，愣用一截绳子代替接起防滑链的两头。

潼关县城我在 1998 年也食宿过，记得县城不在主路边，得左旋右旋好几千米才在山洼里找到了灯光成片的县城。10年前我关注同治年间当地的一段历史，知当时潼关百姓大多人幸免于难，是有重信更重义的人报信，使潼关城提前关闭城门严阵以待。我知道，潼关城是新址，老潼关在今天的港口镇——面黄河而背山崖，它的典故和诗咏很多。现港口附近也开发了旅游，如黄河水上嬉游、乘直升机俯瞰遨游。附近黄河上也新修了大桥，两边都有高速路的接口。

　　风陵渡以北的两县芮城和永济的名胜古迹就太多了。芮城的永乐宫，元明的壁画有名，是全国文物保护单位，但我看过和它齐名的法海寺壁画，懒得花钱，而在门口喝着啤酒与当地人闲聊了。永济的鹳雀楼，是新修的，黄河铁牛是原牛。登上普救寺，转悠各殿，琢磨当年美妙的偷情故事并无夜读西厢的魅惑。一殿的出家人因我们没买他的香，而对我们的问话反唇相讥，我们一生气，训了他一顿，重话如"这到底是佛殿还是商店"。

　　南下的黄河在风陵渡拐弯向东，也成为晋豫之界。北岸的中条山在"文化大革命"时很有名，因有北京知青创作并传唱过《中条山之歌》。而那个三省交界点的具体位置，据说在陕豫交界点北的黄河岸边，不知那有无三交碑。

　　补记：2020年11月中旬一日，我与孙民、小华从灵宝的故县镇，往西坐公交10多千米又徒步五六千米，在灵宝的杨家村与陕西潼关的沙坡村之间找到了一块国务院立的三角碑——西南镌"陕西"，东南镌"河南"，碑的北面光平无字，向着黄河北岸芮城县的中基村。按以往的经验，中基村的黄河岸上，应有一个也是三角形而仅北面镌"山西"的三省界碑。碑侧有一个保护界碑宣传牌，上面正好有界碑管护员邓宽民的电话。我即拨通约他来，10多分钟后他骑着电动车来。他约40岁，很客气地给我们核桃，估计他以为我们是民政厅派来视察的。他给我们看管护证及巡界碑记录等，我告诉他我们就是来玩的，并夸他在宣传牌上写的大字好。他讲的信息有：对岸中基村也有一块碑让他管护，他嫌太远（须绕风陵渡大桥）；一年400元补助；现在的碑离黄河有三四里，但以前水大时黄河水就漫到这碑崖的下面；现在的碑是2014年立的，老碑在县文物所；村里除杨震书馆再无古迹。附近多为花椒树林，坡崖下有鱼塘和羊场，沙坡村的村头牌横写有"鸡鸣三省之地"。我知道，这三省交界点严格地说应在黄河主流中间；此三省碑离黄河有3里远，是因河泛区太宽，最近的河岸不宜立碑。按说我们应去河对岸的芮城中基村看看另一块碑，但须绕20千米以上，终犯懒未去。

图 2-20 晋陕豫三省交界示意图

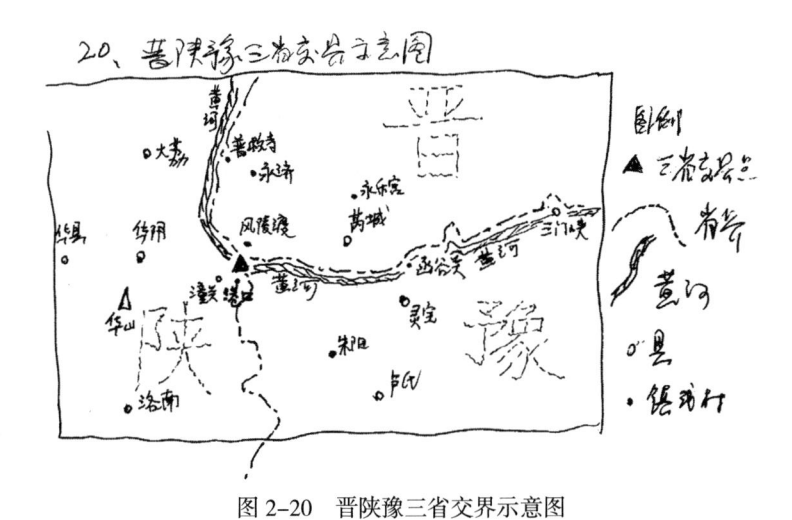

21
鄂湘渝三省交界处的野泅之旅

鄂之来凤县、湘之龙山县、渝之酉阳县为三交县。2002年夏，后小组五人在那一带的酉水（沅江支流）野泅两日又舟行一日。在此摘录些当时的流水。

8月8日：恩施附近的公路上有大标语"车匪路霸莫要怕，发动群众打死他"。本地出"白肋烤烟"。盘山公路海拔最高约1400米，经宣恩县、镇罗山，知清中叶有"改土归流"。经来凤，至龙山县白洋乡的酉水东岸。吹好气筏，置五人衣物，我撑船，老温、老何、效刚、狗子泅水。游3千米后，入窄处滩，水急，暗礁打腿，几人腿破小口。效刚提议大家手拉手游。又入峭壁之峡，水凉，老何喊冷。约10

千米后在胡家堡或白平上岸，喝白酒、吃巧克力热身。租船70元至酉水下游的湾塘乡。吃火锅，喝啤酒及白酒。本地人讲土家族与汉族差不多，皆用汉族的姓；乡干部月工资500元左右；本乡13000人。宿私人家，五人30元，山风穿窗，无蚊。

8月9日：晨闻杀猪声。狗子躲狗被门框碰头。今日正值赶圩。早饭后，花20元租面包车去7千米外的湾塘电站大坝下水。狗子掌皮筏，为保温我与老何穿T恤游。顺水游约100分钟，闻岸上鞭炮响，估有喜事，即上岸。此为来凤县漫水乡上鱼塘村，凑了30元喜钱，参加刘老先生70寿诞。有白酒、啤酒，菜为十大碗，如鲶鱼、炖鸡、炖猪蹄、扣肉等。席间一土家族民歌手，说学逗唱，又现编词把我们五人唱到主桌。临走，乡民燃鞭欢送。租一船，80元至塘口电站，所经长峡，水绿山秀。后船老大非加价20元。在塘口遇当地小周热邀，坐其阳台观酉水而茶，又吃鸭子火锅，喝啤酒、苞谷酒。小周讲，我们刚经过的猪头崖，水急滩险，翻过不少船；本地有人虐杀牛而遭报应；土家人一般过汉族的节；下游滩多，不能行船和游泳，到百福司镇也不行。高兴时，小周的母亲即兴编词唱土家小调。付80元吃喝钱。宿二屋，多蛾蚊，也有只小拳头大的黑蜘蛛。外面下雨，屋里略闷。

8月10日：宿费交了25元。租拖拉机至6千米外的漫水乡，酉水在此有一个"U"形湾，此带滩多，无交通船。租一辆面的，60元，至20千米外的卯洞。此处也滩多，不宜下水。即乘交通船，与40多老乡挤坐，去老寨每人3元。此水路11千米，船行约80分钟。行于狭峡，多见蚀洞。经罗家界、洪桐村，至鄂渝界处，此离三省界点很近——山那侧属湖南的桂塘乡（当时没打听有无三省交界碑）。又过鸡笼滩，水打上船，衣裤小湿。至酉阳的老寨，此有两拱桥跨酉水，也有公路通南面的大溪和北面的百福司。租船，105元，行约70分钟，约14千米，经类似石钟山的锣鼓滩，到了大溪。此若小县城，有支流汇入酉水，民居多依坡次第，也有水路通酉酬、石堤但船期不定。择小店吃炖猪手、炒笋等，喝11瓶啤酒及米酒，共62元。听本地船工林、谭讲，得知1950年前土匪多，有被判刑者去西北；酉水中有90千克重的鱼；酉水行船不要驾照也无税；百福司至酉水已开发漂流旅游。宿供销社旅社，每床3元或5元，无须登记。去中学打篮球。房间无电，有蜡。晚餐时听当地人讲：

本地瘦肉每斤4.5元；注水一头猪收费40元；5天一集。

8月11日：想乘船去酉水下游与梅江交汇的石堤，但太贵，算了。镇上九成为土家族，买一册介绍酉阳的书，如土家风俗的哭嫁、抱喜鸡、驱疫的千龙船、原始崇拜等。下午乘收垃圾的客运车去酉阳，因车载过重，又行山路，车颠时偶尔失控，我们即在田坝从车窗爬出。寻店吃喝，本地的一季稻很香；也知每亩稻投资90元，亩产八九百斤。本地的宏声烟，3.5元一盒。翌日，我们去了酉阳，沿途多见烤烟的烘房。去酉阳吃喝，我提起本地出过当代著名诗人李亚伟。

七八年以后，我与画家小炜旅行，溯乌江来到酉阳的龚滩，这里完全开发了旅游，修了仿古街；因下游建设水库，老龚滩已迁完，那条著名老街已在水下几十米。翌日我俩乘交通船，沿乌江去了贵州的沿河县。

图 2-21　鄂湘渝三省交界示意图

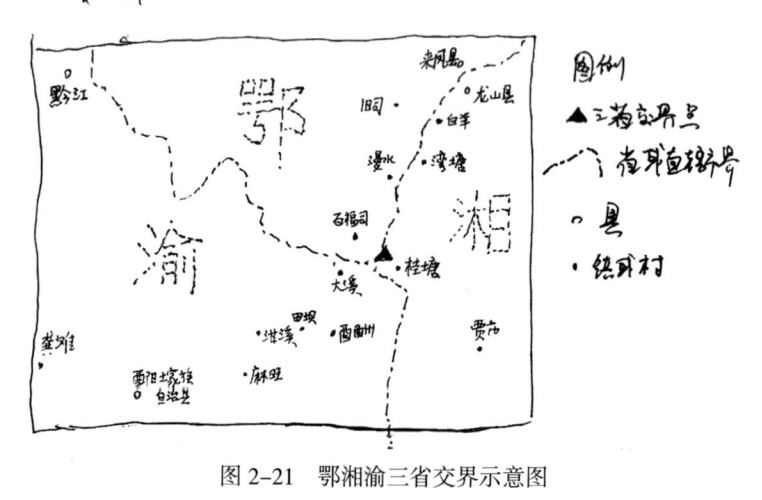

22
皖浙赣三省交界处的大马拉松之旅

2002年11月，后小组的岩松、效刚、狗子及我在皖浙赣的三省交界一带搞了大马拉松——自负行李两天跑两个马拉松。以下是当时有关的流水摘录。

11月4日：发给各位我绘的路线图，大意是，安徽休宁县兰度至山斗村（40千米），第二天至江西的婺源县王村（43千米），第三天至浙江的下庄镇岔口并至开化县。在距休宁6千米的兰度下车，会上从金华赶来的狗子。为明早营养，岩松建议杀了母鸡炖，啤酒1元一瓶，白酒三两1元，共花50多元。宿费一床5元。附近西递村的画家汤光明晚上来会，

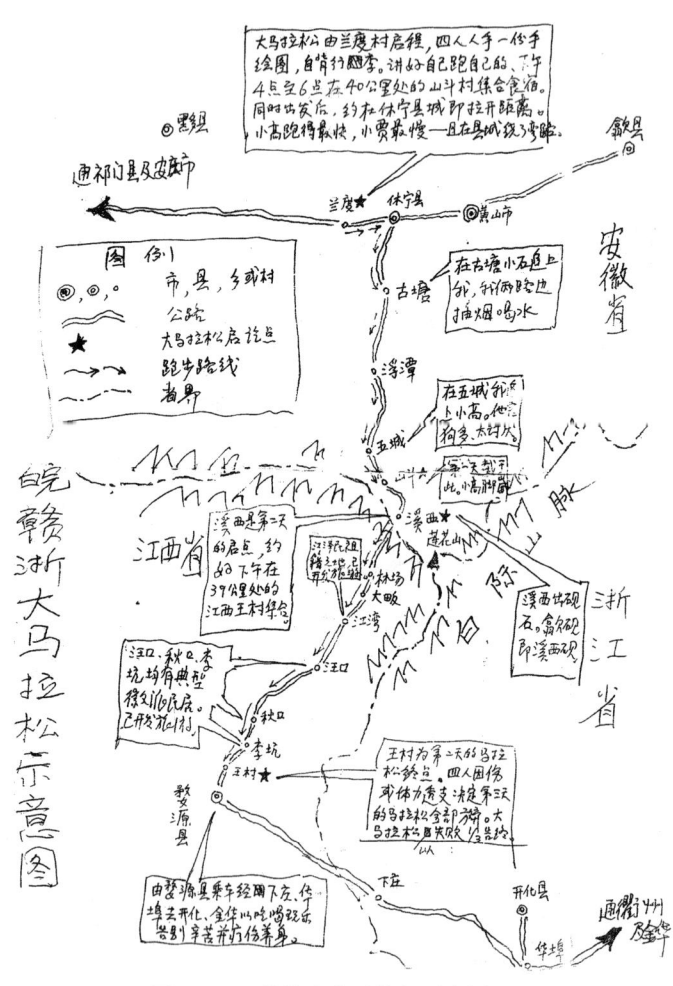

图 2-22a 皖赣浙大马拉松示意图

又喝至夜。

11月5日：9点开跑，各持地图，自顾速度，约定好了今天的终点是40千米外的山斗村。跑速不一，岩松与效刚背双肩背包，我与狗子是中型腰包。跑入休宁，见"状元之乡"大牌。一路缓上坡，见松杉林、稻茶、徽式建筑，但无心赏景。家家有狗，常被吠撵。行包愈重，我背的有绒线衣、厚长裤、短衫、鞋垫和袜子，还有8盒烟、一杯茶等。在古塘，我歇15分钟，效刚追上。又跑10多千米在五城买遮阳帽，此距山斗还有6千米，脸上被晒得尽是盐沫。在五城见岩松在小店吃东西。最后5千米多上坡，我基本是走。我14:50到的山斗，用时5小时50分。15:15岩松、效刚到；16:36狗子到，满脸通红。吃烧鱼、烧肉，喝啤酒、黄酒、白酒，共40多元，宿费每床4元。夜里岩松盗汗，因在溪里洗澡而着凉。

11月6日：因路坡度大，先乘面的至28千米外的溪西（仍属休宁），开跑，今天目的地是婺源县的王村，约39千米。多见歙砚加工厂、榨油坊，路侧林子密，知本地砚料叫溪西石。见脚踏打谷机。因脚疼，9点半跑到11点半仅跑16千米。仍上坡，至梁上，往东应是三省交界的山头，往南入婺源境。过了大畈，入江湾，见领导人题的"江湾""婺源"等，当地人知我们是北京人而极热情。跑至汪口景区路口，我吃面，后半走半跑，两次停下换袜换鞋垫及挑水泡。经李坑景区，无力赏景……至王村路口，跑不动了（才完成了37千米），搭摩托进了王村，会上他们仨。此无食宿店，即择汪木匠家吃宿，宿费共20元。大家一致决定：大马拉松至此结束，明天不跑了，而是去婺源和浙江的开化玩。我们歇到晚上9点半，他们又租了拖拉机去6千米外的婺源耍……

11月7日：我走约1小时到婺源县城，见清江河圹半城，公路大桥东西两座，轻车桥三座。会上他们仨，知昨晚玩得高兴，酒店每人15元。乘去开化县华埠的车，每人15元，约60千米。婺源算半山城，民居多徽式。一路多见杉竹松及茶园。过杨梅岭后，见"浙江人民欢迎您"的大牌楼。下坡，进入富春江水系。在华埠吃雪菜肉丝馅饼。岩松脚疼，乘小面包去开化，20千米，4元车票。我与效刚、狗子步行两小时，至龙顶山村，入食堂吃肉包子（4毛一个）。街巷多见老人打扑克赢小钱。又乘305路公交，2元一票，至开化县城。开化正大兴土木，烟尘大，街上少年多肤白面俊，且多裙装。城周小山葱茏，见茶叶市场、水产市场等。晚饭吃喝很好，也打听了：三省交界的山叫莲花山，1100多米高，下有莲花山村；本地有铜铅等矿，亦出产竹、茶、油；开化正北26千米处开发了钱江源景区。当晚我们喝的正是钱江源啤酒，一箱12瓶22元。我们还在一个小广场，搞了四肢着地跑的百米赛，狗子第一、岩松第二，这种跑法非常别扭。开化傍一清河，名芹江。住旅店，每人5元。明日岩松将去会路上认识的姑娘"小平果"，我们三将去狗子暂居的金华。这次大马拉松比较失败，本应跑三个马拉松的，但因是自己负重、走山路、自己打听路线等原因，才勉强完成了两个。我们等于是围着三省交界的白际山连跑带走转了多半圈。也听说三省交界点在钱江源，但因是旅游区就懒得去了。

另，开化县籍的导演邱小军后来认识了我们，他说以后带我们在开化好好玩。一次他请我喝开化的茶，不次于黄山毛峰。我最近也听说，莲花山上有一个三省交界碑，从莲花山村可以上去，界碑好像还被毁过，后又修复了。

补记：2018年12月15日，我与汉行从齐溪乘中巴，经仁宗坑村、里秧田村到了莲花塘钱江源景区，门票50元。导游图的东北角标有"三省交界处碑"，它在海拔1200多米的莲花山上（一说是伞老峰），因雪厚路滑及雪坡塌方，仅爬至约 1000 米处（兔子听泉）而返。听老乡说以前界碑被江西那边的人毁过，又说可以翻山去婺源江湾的栗木坑。

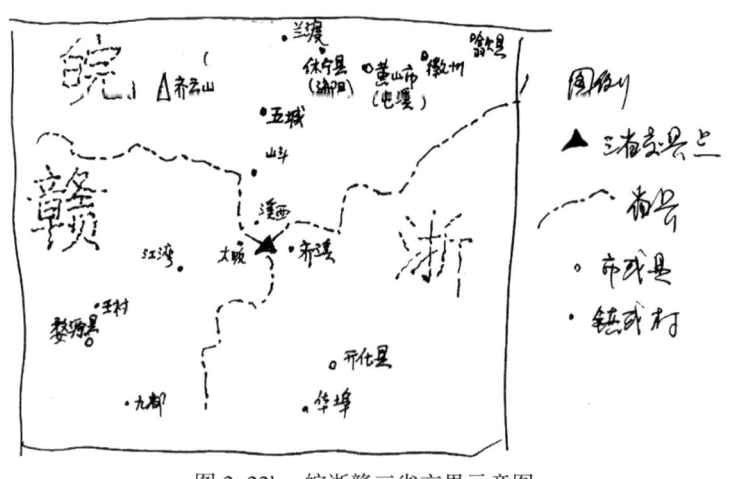

图 2-22b　皖浙赣三省交界示意图

23

赣粤闽三省交界处的赤足之旅

2003年12月，后小组的岩松、效刚、刘毅、狗子及我，在赣粤闽三省交界一带，搞了连续赤脚三日的活动。规定是：出家门就不许穿鞋，穿一分钟罚一元；不许穿袜子；中途退出罚200元。当时北京已有冰雪，12月3日在北京的谢杰餐厅先试了光脚来吃喝又光脚回家，效刚的朋友贺先生买的单，甚至饭后陪我们光脚走半个多小时。后又被光明书架的严主编钱行。路线是我定的赣粤闽三交处，除我有私心外，也因那边温度不是很低。以下是当时有关的流水摘录。

12月4日：1625次车由北京去赣州。我们离家都是赤脚打车到的北京西站。车上开喝啤酒。赤脚如厕又凉又脏。

乘警奇怪，略问询，我们言是脚气治疗团。效刚带脚盆上车，不断接水烫脚，至茶炉无水。刘毅说他昨已在家练了一天。俗话说"男怕冻脚，女怕冻头"。脚心如腹，易吸凉而至拉肚子、伤阴。也告知大家，现代社会是玻璃社会，要防扎脚。又告知这三交的三县是寻乌、安远、武平，地处武夷山南脉，三交点有项山。车经阜阳、淮滨、潢川、新州、南昌等，翌日晚8点半到赣州。因赤脚可疑，被查身份证。宿小旅店，四人共15元。

12月5日：天晴，路面不太凉。11点05分乘卧铺汽车去寻乌，230千米，车费51元。等车时岩松以报纸缠足，似不算违规。车上司机怕弄脏被子，非让以塑料袋套脚。望见赣江，也见章水入赣的汇口。本地出钨、硅、铜等。也见路边脐橙园。经南康市、信丰县、安远县，后车坏在半途的高云山。得到从宁德赶到寻乌的狗子短信，他在寻乌吉潭的食宿店等信儿。19点到寻乌，又租三轮摩托去吉潭，20元。到了见狗子穿鞋迎接，他说一人光脚太显眼，认罚，请晚饭。吃喝花了100多。乡街为土路，厕所更脏及扎脚，后规定如厕可以用塑料袋裹脚。街上多老建筑，据老乡讲，民国时繁华，往东10千米就是界山的项山。在旅店以热桶烫脚心。本地烟为"赣烟",有 3 元、5 元、15 元不等。宿店被褥较脏。

12 月 6 日：在吉潭乘 10 点的公共汽车去 16 千米以外的项山。在项山镇，老乡说：东北方向有个大中村，离三省交界点要爬 1 小时；有三角碑，三面各写福建、江西、广东；去广东或福建，只能坐摩托和小拖拉机，坡较陡。查图知赣之项山、粤之差干、闽之民主，为三交镇。雇 5 辆摩托车，每辆 45 元，路陡时，即下车走，很硌脚。过海拔 1200 米的山口，顺山脊往北应是三省交界点，见林较密。过山口即入广东平远境。下坡 5 千米到云板村，始上水泥路，至差干镇。吃蘑菇和鱼，啤酒是 4 元一瓶的珠江，梅州牌烟 3.5 元一盒。差干往南约 50 千米为梅州地区的平远县，但班车已走。租小面的，150 元，北行 50 千米至福建的武平县。经下坝镇、中山镇到武平县城（平川镇）。县约 30 万人，操闽西客家方言；据载此地唐代称武平场，宋代建县；森林覆盖率 75%；此县北接长汀、东邻上杭。均觉脚凉，宿费每人 8 元，较干净，有热浴。街路上有小玻璃碴，须谨慎。常有街人好奇，有热心者告诉我们哪里买鞋便宜。也有经验：越平的路越凉，土路温度略高。走到脚心由凉到疼时，停下盘起脚坐一会儿，狗子与我都能双盘。睡前烫脚，不断换水，烫半小时才略舒服。

  12月7日：在武平长途站，乘去福州的车，每票120元，约630千米，9个小时。经十方镇、胡洋镇、上杭县城（临江镇），过汀江，经白沙镇，入龙岩，入新罗区，后上高速，经泉州，半路吃喝，又被人惊异问起为何赤足。至福州，赤足活动结束，刘毅与我现买了布鞋（6元一双）。后每票31元去宁德，会诗人还非，及大喝大玩。后话是，效刚因着凉归京后重感冒一周，刘毅因感冒犯老病住院半个月。

图 2-23　赣粤闽三省交界示意

24

骑车旅行经过甘宁蒙三省交界的腾格里沙漠南缘

现在回味 35 年前由北京骑到新疆,坐在沙发上抽烟喝茶似是享受,而当时是苦不堪言或已麻木,开始是虚荣心支撑着,后来就是羞耻心顶着——怕半途而废被嘲笑。说几点吧:因是一路向西骑了一个月,左脸被晒得黑糙,而右脸苍白;为找合适的露宿地总是左挑右选地又骑出几十千米,终于找烦了也累了,而在一个最不理想的地方铺下睡袋;谁都想跟骑,得些顺风,但我为了折磨伙伴拼了命也要甩下他几百米;长途骑行主要想的是千米数,没有更多的情趣关心史地、风景,关心的是伙食和剩下的钱数。当然,那时没想着要找三省交界点，事后写起来才像是玩（1993年我在《啤酒报》上连载过旅记）。

甘宁蒙三省交界点位于腾格里沙漠南缘，东西都有残存的明长城，近些年那一带开发了以黄河沙漠为主的旅游项目（滑沙、登烽火台、漂流等），公路也很好。近年我坐火车路过，很感慨。1986年，我和同学吴沫骑车旅行这一段时，从甘塘到营盘水这一段根本没有公路。营盘水应是三省交界处，北属于阿拉善盟的阿拉善左旗，东南属宁夏的中卫县，西南属甘肃的景泰县。

说些1986年有关此处的轶事。那是秋天，我与吴沫准备从北京骑车去新疆，为取直线，而经集宁、包头、银川就到了中宁县。露宿在城西一村的打谷场，翌日向西，路北时有烽台，又到了中卫县。出县就无正经路了，沙坡头没开发旅游，我俩坐在黄河大湾那里吃带的干粮，又可望腾格里沙漠和被沙半埋的烽台。到了甘塘以后，无路，将自行车推到铁轨上，也易掉，在半沙的小路上硬骑，几次被棘刺扎了车胎，补胎也烦了。不巧他的凤凰28型车前轴又断了，只好以钢杆圆珠笔插上勉强推行。晚上推进到一个三面是沙丘的洼地露宿，半夜又有凄凉兽号（后知是沙狐）。早上到了白墩子村（记得有城堡）找了吃的。在一个山口，往南还望见了景泰县城，记得还路过了叫红卫、一碗泉的地方。中午到了大靖，才在饭馆好好吃了一顿。白墩子以后才有沙石公路。我们带了三条内胎、一条外胎备用，而修车我较在行。这一晚住在了黄羊镇一个老乡家，给了几毛钱宿费。但那床上尽是小虫子，半夜把我俩咬得脱光了衣裤清理，又去院里翻开睡袋抖落，再裸钻进去睡在地上。翌日早上又一通挨件抖落衣服，终于骑进武威城，大洗大晒。那一段路程虽辛苦，但我一直受走长城的肖长春激励，比如从青铜峡经108塔、中宁、中卫、沙坡头、大靖、黄羊、武威这一段长城，他都是用脚走下来的，我们骑车已经比他占了便宜了。后话是，我们用30天骑到了新疆的星星峡，没搭一步车。

三交那一带的腾格里沙漠属阿拉善左旗，旗镇在300千米以外。20世纪90年代我去过两次阿拉善左旗，访过巴彦浩特镇的地毯厂、寺庙，还尽量往西（开车一个多小时）去过一个苏木玩，摘沙枣。顺便也了解到，阿拉善左旗面积8万多平方千米（与浙江面积接近）；人口14万，汉族居多；清雍正年间在此建定远营，亦有王爷庙；有煤矿、铁矿等，也出驼、羊等。几年前朋友驾车带我在古浪、景泰一带旅游，我觉得白墩子、大靖、土门一带的明长城适合徒步旅行，城墙较好，路也不难走，食宿也方便；若再加些情趣，可从营盘水沿黄河徒步，向东，访中卫、中宁古城。另外，景泰县不是明景泰年间建的，是民国时期建县；中卫县是清朝时期建县，明代为宁夏中卫。

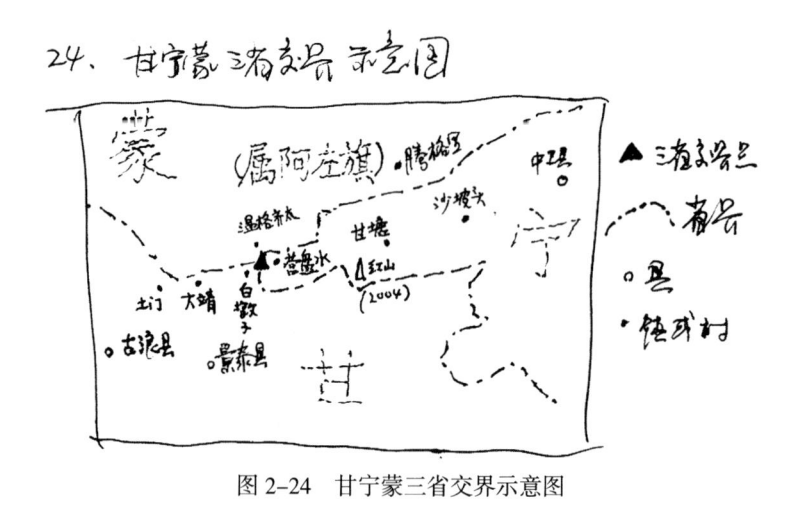

图 2-24　甘宁蒙三省交界示意图

25
渝川黔三省交界处与诗人汉行行纪

我总是忽悠朋友参与我的三交之旅,最好是又有钱又能吃苦又听话的人——这叫"三好组员"。但常常我与伙伴的旅行被有些人讥为"吃腌臜小馆,住民工小店"的"穷游"。诗人汉行就是"三好组员",带着他玩,伙食好,标间好,脾气好。诗人高星仅是有钱和听话的"两好组员"。所以孙民总结旅行时说:"没有汉行,寸步难行;跟着高星,吃住带星。"占了朋友的便宜,我虽有些不好意思,但也基本我行我素:我设路线,我选三交,以我体力为标准。汉行是大气的人,不跟我计较,他心里的文化三交点岂止42个。

渝川黔的三交县为江津、合江、习水。汉行知那一带的泸州老窖、习水大曲、郎酒，我则鼓吹三省交界之旅已经滥觞，必成趋势，得有人先玩个梗概。2017年11月中旬，我俩会在了重庆，以下为有关三交旅行的摘录。

18日至19日，我由京上车，经安康、达州、万源（亦三交之县）、广安到重庆。汉行自南京来，我俩宿标间100元，又吃辣子鸡、酸渣回锅肉等，喝重庆纯生（12元）、宝乐啤酒（8元）等共8瓶，结129元。

20日，步行至高铁站附近的汽车站，8:20去合江，一票65元，此向车末班为晚上7点半。出重庆市区，略堵。至石塔立交桥附近见石塔，褐色，八角，高约20米。入江津境，过陈独秀故居、聂荣臻故居路口。知江津隋代建县，人口超150万，江津白酒有名；也知陈寅恪路过此地而未能沿江去宜宾会傅斯年。因江津南的四面山是大旅游区，故我俩打算取道合江而穿越三省交界一带。11点半到合江，此处赤水汇入长江，江口处有白塔，九级八角，高约20米。老街上无老建筑，择小馆吃本地特色的荤豆花，每位15元，喝青岛啤酒。

乘公交，14:20发往天堂坝（一日三班），一票23元。经白鹿镇，至福宝古镇，逛半小时古街——张飞庙、太白楼、万寿宫、老母殿、回龙桥。街傍浦河，多吊脚楼，小景优美。再上车，入山窄路，多竹林，共约90千米到天堂坝（原为乡），见原为旅游开发的"天堂山庄"已废。宿村中廖队长家，80元一间。喝其野采的白茶及屎茶（小肉虫吃白茶后的粪，似蚕屎）。吃腊排骨、炒鸡杂、笋等，喝青岛啤酒，130元。打听而知：往南距三省交界点最近的三爱村也叫营盘，有林场，约28千米，旅游没全开发起来；隔山重庆那边有赶水镇、四面山镇，贵州那边有官渡，属赤水市；界山高约1600米。本地多退耕还林，不种稻了。房间阴冷，窗外景好。

21日，早吃鸡蛋面后，向南步行，土路，景好，见竹、杉、溪、瀑，未见车，据说夏天才有人来避暑的。过一废屋，土木结构，寻一旧牌。始终慢上坡，在洞坪村前与盖房民工同伙食。徐姓老乡说：界山叫红圈子，有一石拱门洞，东边属江津的四面山，南边属习水的三岔河。又步行，遇小雨，在观音小庙内歇。经洞坪瀑布，20米高，三叠水，此后有农家乐。在桃园度假村喝茶，此季节无游人。我脚疼，汉行腰酸。今走约16千米，至菜园子农家乐，附近有"平滩映月"，也见小崖上有圆形野蜂箱。宿木楼二层，侧有"天堂坝商务酒店",但门锁。晚吃回锅肉、炒青菜,喝啤酒。晚上,他读《安魂曲》(剧本集),我看电视。宿费90元。一夜闻溪声。

22日,上午下雨,没有雨停的迹象,9点半打伞步行。至谭姓老乡家,大姐讲野蜂蜜120元一斤,此已属互爱村(天堂坝三个小村之一)。其家小伙开面包车送我们7千米,路破,路过较大的天竺农家乐,到了营盘(红圈子),此有林场小楼,夏天有食宿。付了40元车资,问好路,顺沟上山,小路有台阶,但湿滑。半小时后,过嘉庆年的修路功德碑及两佛龛(空),裤已半湿,再行20分钟,至一天然岩廊,长20米,内有灶迹。再向上约5分钟,石阶继续上山,估能至老乡说的"石门"及"石人",但因雨天路滑,我俩择左侧人工开凿的山口,山口南有习水护林牌及较宽的路。此路多年失修,草高路烂,极滑,我先滑一跤致左膝拉伤,又滑一腾空而致左手挝伤。过山口下坡,1小时后会上右侧从"石门"下来的小路,已见"习水自然保护区"的牌子。至天池河小村,见修路,路皆烂泥或大石块,难走,亦冷饿。至一老乡家讨水、烤火,又吃米饭和炒萝卜。又下至天池河主村,周姓大姐邀喝茶,并言这路修了20年未完,拆迁款的

5万才得8700元,她让我们反映,即拍了老屋照片及留了电话。继续走泥路,汉行也挂棍,抄近路亦侧摔一跤。天黑后又走到18:50,终踩上了水泥路面,山谷口的狮子口村到了。此原为乡,现为村,在桥头吃猪蹄火锅、喝雪花啤酒。无挂牌旅社,宿小超市的二楼,一间60元。脱去湿泥之鞋裤,盖被取暖。

23日,晨雨停,北望四面山。汉行刷鞋又换袜。吃米粉。11点半的车,15元,经三岔河镇、良村镇、官渡河至习水县城。山城漂亮,本地袁氏宗祠规模较大。12元,乘车至习酒镇,位于赤水岸,逛酒厂的办公楼外的花园(有"习酒阁")等,见酒厂已挂"茅台集团酒业公司"的牌子。又过桥至四川的郎酒厂镇小逛。两大酒厂,隔赤水对峙。又至渡口,叫二郎滩渡。当年红军二渡赤水于此,指挥部设在岸边的二郎庙。赤水较清,夹于深谷之底。吃牛肉锅,量大味好,加3瓶啤酒,90元,实惠。后在桥头乘车,25元,70千米,沿赤水去了上游的茅台镇。

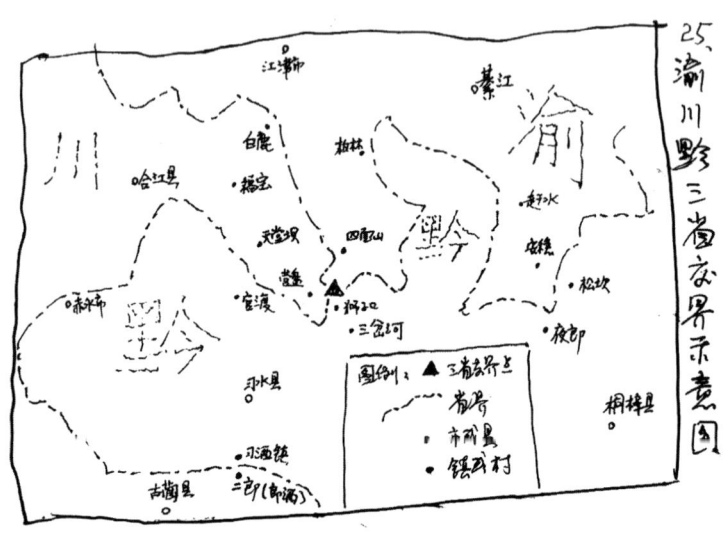

图 2-25　渝川黔三省交界示意图

26
川青甘三省交界的旅游轶事

因阿尼玛卿山脉，本是由西北向东南流的黄河，在甘青川三省交界一带，做了掉头式拐弯，又向西北流去，经玛曲县、拉加峡而北上。甘肃玛曲、青海久治、四川阿坝为三省接壤或隔黄河之县。那一带我去旅游过三四次，但没去过接近三交点的地方，比如阿坝县的求吉玛乡，在此只能说些一般的经历。

阿坝藏族羌族自治州的阿坝县，我10多年前去过，对金碧绵延的寺庙印象深刻，街上也多有本地特产的羊毛地毯和藏刀。我认识了一个同车的青年喇嘛，因他用藏语念的药师佛咒我以前听画家刘毅念过，所以与他聊得简单而热乎，在到达阿坝前他请我到一个小寺院吃味道很好的羊肉包子。我在拉萨认识本地长大的优格仓家族的龙日江措先生，他继承祖业，创立了藏香品牌优·敏芭古藏香系列。他给我讲过1949年以后阿坝的历史，尤其1959年到改革开放那一时期，真是劫难无稽、沧桑有律。阿坝县有6万多人，多为藏族，1954年才设县，此前属松潘。

玛曲县的全境基本被黄河包裹着，西南部的黄河南岸是青海的久治县境，东北部黄河以东地区为四川若尔盖县境和甘肃的碌曲县境。碌曲南部的郎木寺镇，寺庙比连，以及偏西的尕海候鸟保护区，已是大型旅游区，各景点门票价格都不低，各种信息容易获得。我倒知道郎木寺历史并不久，18世纪建的。旅游热以前，此处因地处三交一带又交通较方便而成为三省集贸地。而碌曲以东的若尔盖县的大草原，我路过时，还真有一个地名叫毛尔盖，那里留下的长征故事流传很广。我第一次去久治县是10年前，因是虫草季节，外地身份被查阻了几个小时——果洛藏族自治州的虫草是当地重要的经济资源，每年有大量外地人采挖而给当地造成损失。记得20多年前有北京队、洛阳队漂流黄河，因我一同学是随队记者，我便知不少黄河上游黄漂的事。后来朋友驾车带我在果洛藏族自治州的达日、久治一带旅行，我到黄河边试过水，凉而急，且两岸大多无人居住，加上高原缺氧，深觉黄河漂流的不易，并向在黄河漂流中牺牲的勇士致敬。

久治有一座神山——年保玉则，其下也有神湖、草原、寺庙。约4年前，我参加过那儿的一次环保大会，会期3天，印象深的是：慈诚罗珠堪布亲切平易又深浅协调的讲话；哲学陈教授对环保的理实句实又抚今瞻远的表达；三天的素食和营地禁止吸烟（但可偷偷抽并收好烟头）；果洛的乡民来参加几年一届的盛会的大场面；去神湖涉激流时，营员大头的扶老负幼，我也差点被水冲倒；附近白玉乡全面禁酒，商店饭馆居然都无酒售；久治、斑马的藏族差不多家家有小轿车（不少都是二手车）；环保大会组织者吕约女士的构想魄力与操作本事。

现在甘青川三交一带，交通方便，从成都或兰州驱车，一天半即可到达。如郎木寺在旅游季节，都需提前订房了。

补记：2018年秋，与孙民、小华穿行完迭部峡谷，经热闹的郎木寺街区、已开发旅游的尕海忠克隧道，又到玛曲县城。乘班车去了较接近三交点的阿万仓，登上散日玛寺的山坡，南望大草原和宛转的"黄河第一桥"（水不浑，宽百米），宿玛曲城格萨尔广场南便宜的招待所。

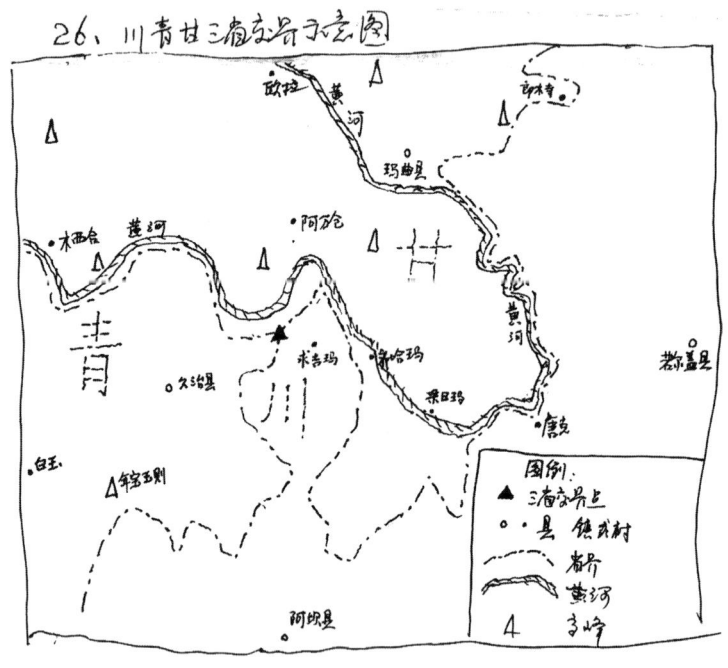

图 2-26　川青甘三省交界示意图

27
赣闽浙三省交界处步行记

江西广丰县、福建浦城县、浙江江山市，为三省交界县市。2017年12月中旬，我与孙民在那一带徒步加坐车。以下是有关流水账。

13日：15:30到上饶，沿信江步行。观五桂塔：五级，10米高，八角，一层有南北通门，传古时五人赶考折桂而后修。又观奎文塔，亦名龙潭塔，30米高，7级阁式，砖筑，明建。去茶圣路和陆羽公园，在步行街吃快餐。又乘车11元，20千米至广丰。宿小店，一间30元，冷。

14日：在广丰南站，7.5元乘车15千米至桐畈，一路见竹、杉。小店吃米粉，4元一碗。欲去三省界处，搭电动三轮，6千米，至二渡关，此有靖关大桥，桥东为福建的浦城。桥下水清。桥东小坡有毛泽东纪念堂，私人建立，亦有红色食堂；此主人姓肖，70岁，因梦想而筹资建此，又讲此处杜鹃及山泉的奇迹。见本地加工葛根而成淀粉状。附近有洗矿厂。在浦城境，知粟裕、方志敏曾在此打仗，毛泽东在《如梦令·元旦》中写过"武夷山下"。入东峰村，见石镌"宋代瓷窑"遗址，打听知在村后坡上。沿路又步行入盘亭老街，吃肉片、茄子，喝小密包黄酒，也看了街亭，拾了竹"烟缸"。又东行，过了一所中学，又至浙江的枫岭关。此有三岔路口，有华表式高大路碑，三"翅"牌上各书闽浙赣并指三向。侧已修仿古之枫岭关门楼，亦写有此带古道历史，大意为唐末黄巢开，另有安民关、仙霞关等五关。刚在二渡关桥东见一块赣闽界一号碑，国务院1997年立。向北往廿八都步行，又坐公交2元、经5千米到廿八都（此带多有以都起的地名）。廿八都已开发古镇旅游，门票120元。见牌楼上书"念都铺"，古街上有关帝庙、四五户大宅老院（如姜全丰宅），多商贸旅驿。因是冬季，没游人，宾馆都空着，择一家砍价到60元，但无热空调。逢停电，买啤酒及花生当晚饭。此镇无网吧，也无小饭馆。今一天小雨，鞋袜湿。

15日：晨起知因雨雾，高速路发生事故，封路，国道亦封。即上路步行，往仙霞关方向。上坡，多见停一夜的大车司机的疲惫相。行3千米过小竿岭隧道，约400米长，出隧后仍沿205国道，小下坡。800米后见小标牌"仙霞古道向右→"，估是翻山向南位于小竿岭上的古道。我们直行，小下坡，约1千米，过一石桥入村，即踩在仙霞古道上。在毛姓老乡家喝茶、吃饼干，知此古道一直往北通到旅游区内的仙霞关，有10千米。沿古道北行，时上坡，多竹林，没遇任何人。经龙溪村后，又上坡。小雨，路滑。至龙井村，在丁姓老乡家喝本地龙井茶（100多元一斤），见此多民宿（每间100以上）。又上坡，过四关的门洞，再下坡而上，过三关、二关，石券拱门皆好，略有墙连。在仙霞关景区，见关帝庙、观音殿、黄巢像（其籍山东，起义后称帝，国号"大齐"，开仙霞古道由浙通闽，后自尽）。又至仙霞关正关，有省文保碑。参观陈列馆。从正门出，知门票60元，但这一个月不收费。又行2千米，入保安乡。后乘车经峡口至江山市，共约30千米，一票12元。裤鞋半湿，冷，吃黄焖鸡，每份16元。择小旅馆，一间40元。晚在老街的小馆吃鱼、肉丝，喝3瓶啤酒及本地黄酒，实惠。孙民说本地5元的黄酒比北京卖 20 多元的好喝。

　　此次三省交界之行，虽从赣走到闽，又走到浙，虽也见三省路碑，但我知三省交界点在山上，听说有人见过三省交界碑。而我俩在附近打听写着国务院的三角碑，均无果。

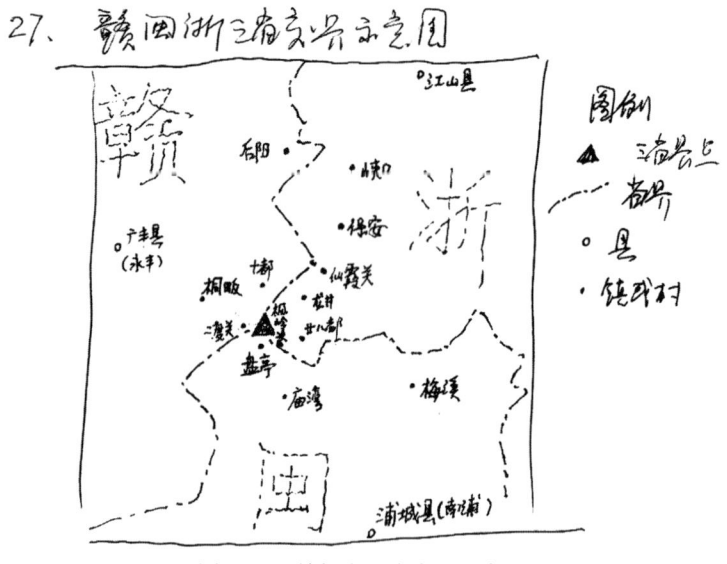

图 2-27　赣闽浙三省交界示意图

28
黔渝湘三省交界处的轶事

20世纪90年代中期在黔渝湘三省界处,摄影家李洁驾车带我在那一带转悠,当时重庆还不是直辖市,那个三交一带叫黔川湘,地处武陵山脉。那山脉较有名的是偏东北的张家界和偏西的梵净山,都是大旅游区。当时的凤凰古城还不收门票,但也不是沈从文笔下的湘西了。我们是从凤凰向西,过了黄丝桥古城、阿拉营镇入贵州松桃境转了一圈。我喜欢看和拍摄一些普通人的日常。松桃是苗族自治县,山上多杉竹,谷中溪河清清,仍有大量的土木建筑,女性也多着民族服装。伙伴懂些苗族的分支,犹对苗绣感兴趣,还专拍了不少背裹婴儿的兜布。我则喜欢坐在檐下的竹椅上喝瓶啤酒，欣赏行人中的小风景。据说本地人除自然崇拜，也有信蚩尤的，他们知道蚩尤原来是高大的北方人吧。本地人普遍个不高，胖子几无，老人多驼背弯腿，估计是辛苦所致。20世纪初，我和朋友也曾路过松桃县境，公路上见不少运矿石的车，才知本地富藏锰矿。

重庆的秀山县，西、南、东皆邻松桃。兹摘一段2002年的旅记。酉阳与松桃交界处的天山镇附近，多见烟田，各村有不少烘烟的高瘦的小屋。甘龙镇附近，山不甚高峻，植被茂盛，山间多溪河，老民居多为青瓦木构，以悬山为主而个别歇山（悬山、歇山皆为房屋构顶形式）。去秀山的国道正在扩修，并修隧道。为下酒买零食，小卖部中尽是漂亮包装的鸭干、牛肉干、鱼干，实为加色素调料的面干，一律5角钱一袋。清溪场一带，山秀溪弯。秀山县城，较大较新。在小馆吃喝。与当地人聊天得知：人口60万，出锰和铀，在锰企业上班的一两万人，但最近下岗不少。雅江和茶洞，前者属渝，后者为湘，此为湘渝黔三省交界一带，但三省口音、农稼、民居民俗都差不多（苗族和土家族都趋近于汉风）。此武陵山地区，基本为沅江水系。花垣河南北向，东为湘，西为渝、黔。

2002年夏，搞完了后小组的酉水野泗后，我们又旅游到了花垣县城。以下为当时流水摘录。花垣比秀山小，一打听才十几万人。县城地势较平，躲开新街入老街（西长街），石板路，民居类似凤凰。街西段私人旅社多，冠以宾馆，最便宜也需一床10元。择一家，砍成7元一床，房间干净，彩电沙发俱全。不好意思又主动加每人5元洗澡。店主为苗妇，漂亮犹在。吃鸭子火锅，五人喝8瓶啤酒、3两蛇酒、6两本地烧酒，共80元。听老板讲了：锰矿工资一般每月七八百元，铅锌矿的工资低且下岗多；花垣在辛亥革命前叫永绥；本地治安一般；苗族占人口七成以上，次为土家族和汉族。摩的较少，有正规出租。凉席稍凉，基本无蚊，一夜小雨，已连5天下雨。翌日吃米粉、锅贴后，乘上去吉首的中巴，每人10元，距约70千米。见花垣河支流。路边不少计生标语，如"一胎上环，二胎结扎"。往麻栗场镇，见中老年苗妇或有黑缠头、带绣片的斜襟褂，裤脚亦带绣。过峒河桥、德夯旅游区入口，过寒阳至吉首。

补记：2018年11月，与孙民由花垣去茶洞，因沈从文小说此已改叫"边城"，开发成旅游区，几处收费。一条黑狗非要跟我走，即带它过公路桥至洪安镇，在小河边"一脚跨三省"的旅游碑前面百米处，见到国务院1997年立的三角碑（石灰岩质，三面分镌重庆、湖南、贵州），其顶无标向，我即添南北。坡上为龙艄公农家乐。又乘车，劝下也上车的狗。至秀山的雅江镇，步行1千米，过道光年间的老桥至松桃的迓驾镇。再去松桃，登文笔塔小山，在松江河边晒太阳、喝啤酒。

图 2-28　黔渝湘三省交界示意图

29
在鄂湘赣三省交界一带徒步

鄂之通城、湘之平江、赣之修水，是三省的交界县，交界处有幕阜山，主峰高近1600米。2017年11月我在那一带旅行过，搭车或徒步。以下是大概。

在岳阳火车站斜对面的长途汽车站，乘去通城的车，36元，90千米。经詹桥、桃林至通城，城区平坦，南部见山。此地周时为楚地，唐时有通城之名，今属咸宁市。乘上接近三交处麦市镇的车，5元，经关刀镇共约10千米而至。麦市镇街南北长达几千米，有红军突围纪念碑、陈氏祠堂等。始步行，6千米后至九房村，已入浅山区，团包山在西可见，老乡说那儿没有什么。喝老乡的花椒菊花芝麻茶。渐上缓坡，又行2千米后，搭农用三轮车南行约7千米，坡度渐大，路边多松竹，可见南面高峰。

搭车至黄龙乡岔口，打听知：左可至黄龙山林场、只角楼山；直行约6千米至天岳关，关南即湖南的平江县；从江西修水那边，从白岭再到回龙寺（也叫黄龙寺，禅宗黄龙派祖庭）可以上三省交界点。我先左行上坡，至花园村，与村民聊知：再往上有开发旅游的食宿中心，从那可爬两三小时至只角楼，三省交界点没听说有碑，有旅游牌；马上要开发缆车旅游。喝老乡的化椒菊化咸茶。此处海拔约900米。

返回三岔口，步行向鄂湘交界的天岳关。附近正开发大型的黄龙山景区中心，也多农家乐。老乡告偏右的大山叫大坳（估为幕阜山主峰，近1600米），左侧的叫小坳，天岳关在其上，一直上坡，水泥路面，见山脊上有风力发电架及辟出的土公路。行5千米多到天岳关，附近多旅游接待处。再上坡1千米至山脊上的天岳关关楼——石筑，拱券门洞，顶已无建筑。北匾写天岳关，南匾写天岳。侧有不大的天岳宫（似道家），西坡另有蒋介石题"气壮山河"的国民党将士墓园（1939年，国民党军队的一位梁师长在此率部抗日）。在此西南可连幕阜山主峰，南俯望平江县虹桥乡的丘陵及小村。湖南这边没开发旅游。此山海拔约 1200 米。

搭路过的小周的车约 7 千米，经天岳关村至茅园村。小周夫妇在茅园村的虹桥中学教书，喜欢文学，即互留联系方式。步行，又搭一段摩托至虹桥镇。镇傍清河，周皆绿岭，空气极好。若干小宾馆、旅店，但最便宜的也 50 元，带卫生间。丁字街口吃炒青椒肉 15 元，啤酒 5 元一瓶。已可手机付账，也见年轻人边吃饭边玩手机。此去平江县的车很多，但我未去县城，只知城南有杜甫墓。

第二天去的修水县境，经大坪乡、石牛寨景区路口到的黄龙乡一带。听说些朱元璋在此出家的传闻，也见些山区的茶园竹林。向西北可望海拔 1500 米的黄龙山。修水境的主要河流为修水，东北向入鄱阳湖。但我没进县城去访黄庭坚的遗迹。修水产地方名茶宁红，我后来喝过，不次于那些大名牌。

三省交界县，据载人口最多为平江，100 万，人口最少为通城，40 多万，修水为 70 多万。除通城距三交点较近，约 25 千米，平江与修水都远距约 100 千米。我听说过黄龙山顶有三省交界碑，这次因脚疼未登实查，小憾。另幕阜山东北的九宫山，有李自成墓。

图 2-29 鄂湘赣三省交界一带草图

30

三洲山顶的皖浙苏三省交界之处

安徽省的广德县、浙江省的长兴县及江苏省的宜兴市，约18年前西恭、老魏带我驾车旅游过，那时的笔记现在不好找了。2017年12月中旬，画家张炜、小热，旅行作家孙民及我专门去玩了那个三省交界处，还爬了据说是皖浙苏三省交界点的三洲山。以下为有关三交点的流水。

我们下午4点多到的广德县高速公路停车点，刚也经过了长兴，还往北望了淡淡的远山——三省交界点在那上面。乘1路公交车，到老城区的夫子庙公园下。庙已无，仅有小公园、小桥及些论语的牌碑。又转到老城中心的鼓角楼，宋代始建，歇山重檐，曾巩题匾（老宋体，稳健端庄）；其后原为县政府，现为省级文物保护单位。又向东走几百米，看天寿寺塔，阁式，七级，约 30 米高，宋代建，后多次失火又重修复（最近一次为 1954 年），全国文物保护单位。鼓角楼与古塔之间，路南侧的饭馆如云。

择快餐店，略冷。我喝热过的啤酒，小炜喜欢凉啤酒，孙民喝本地黄酒。小笋肉末面好而便宜。又买啤酒、黄酒返回房间。宿费每间 60 和 70 元，有空调。四人喝聊，又放手机中的哥德堡变奏、"黑金"等，小热很在行，也聊些苍山县轶事。小炜喝 7 听，我喝 4 听，孙民喝 1 瓶黄酒又加了啤酒，至夜 12 点。

第二日早 8 点，我与孙民一起，去鼓角楼附近吃面，又去汽车站打听了约每小时一班去太极洞（接近三交点的旅游区，门票 60 元）的车。约 10 点，乘上去上杭、太极洞的车。广德北有经济开发区，工厂很多。正在扩路，尘大，路也烂。车只到上杭，换面的，每人 5 元，至太极洞旅游区门口。查地图知从太极洞的山往东北，可爬至三交点，但不愿进旅游区。又乘面的跑了约 3 千米，过了皖浙公路界，到了三洲山村。听施姓老乡指山而讲三省交界：沿村后小路半小时可以爬到最高的山顶，那原有测量架，后被一人偷毁，但地基还在；往上爬，不会迷路。

即行竹林中小路，易辨。小热不擅爬山，我们走得慢。过一处石屋废墟时，小路往西下坡，我们即钻竹丛树林爬上山梁。共约1小时到山顶。见一个三角形水泥柱，高约30厘米，仅一侧钉一金属牌，上写国家测量标志、省测绘局、省公安厅、省军区云云。另见一方水泥基，上写国家测量标志、严禁毁坏等。此处海拔估600米左右，四望皆林。此处也有几个越野组织的绳标。但这为何没有三省交界碑呢？山下老乡也说没听说过，但我在北京曾听说皖浙苏三省交界点有一块碑。我们无聊，以硬纸壳在那三角测量碑上贴上了"皖""浙""苏"——按着各省的相应方向。

往北有下往江苏宜兴太华镇的小路，也有向西下往广德的小路，我们择北，路很陡，必须援竹。小热摔倒，抱竹待救。我告知路陡时可以臀行（屁股着地而挪行），裤子不重要。也见乡民在伐竹，顺山势让竹滑下，叭叭作响。下约1小时，至水泥小公路，即入三洲村（刚才浙江那边叫三洲山村）。此山谷中，三洲村、张家村、崖桥村合起来而统称崖桥村。有公交车，但班次少。在小卖部买点心吃，并与老乡聊天得知：毛竹一般长到七八年；旅游的人也有；山上原有新四军的医院、工厂；现在村里空，过春节时就都回来了；东面最高山叫黄塔顶，600多米高；本地也产茶。沿青溪往山外走，见民居都干净但老屋少，乡民都无苦相。步行1小时，又搭面的至太华镇。张炜与小热乘大巴去宜兴。我与孙民吃大馅的馄饨，又宿40元加20元空调的房间。

另外，2年前我应诗人王学芯之邀，去宜兴湖㳇南部的竹海一带开诗会，爬上过号称三省交界的苏南第一峰，见有费孝通题词，也有缆车，我知此与三省交界点尚有距离。

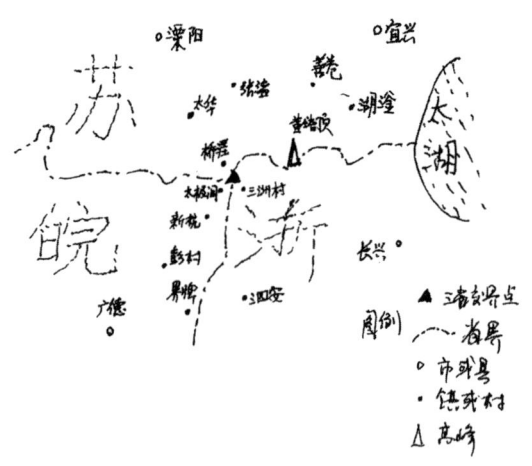

图 2-30　皖浙苏三省交界草图

31
陕甘川三省交界一带的个人旅行记

约1975年,我在当钳工的学徒期,与工友赵小兵辗转到了宝鸡,乘木车厢、长椅十多人腿膝相抵的火车。几站以后,因无票被轰下了车,天已近亮,看清此列车还有平板的货车(载着拖拉机等),我俩即爬上。当时夏天,车上也不热,只感觉天黑时声音大;过隧洞时,又黑又响挺刺激。半迷糊时车停了,被人带到了补票处,记得也没交几块钱。灰溜溜出站,看见阳平关(后知属陕西省宁强县,即将入川)。又下到河边,洗衣洗澡,晾一会儿就全干了。后知阳平关古时重要,邓艾、李自成等人都攻打过。

约2000年年初,与苏大哥、老何、老王从陇南去文县

（与九寨沟接壤），我带他们想走文县至平武县的左担道，即租了一辆破旧的小面包车，打算到铁楼乡后往南徒步翻山。逢扩路放炮，警戒不严，差点没遭遇老王说的"血光之灾"。老苏觉老王讲话背气，而觉得再行不吉利，到铁楼乡后就回返了。记得我们还辗转到了甘陕交界的小镇两河镇，街多木屋，夜以炭盆取暖，半夜均煤气中毒，想起身却乏力，只有老何挣扎起身开门开窗。原来新炭未红时多有一氧化碳。后又干脆躺到室外，缓和之后徒步去往康县。因林多空气好，老苏说这便于洗去肺中的一氧化碳。

三省交界一带有白龙江、白水江和很大的碧口水库，风景很好，附近也产茶。青川县与文县交界的摩天岭东西横亘，上有著名的左担道。而南北向的龙门山，跨汶川、北川、青川、平武等县，在青川与摩天岭相接。龙门山是著名的地震带，清咸丰年间就记录过大震。2008年"5·12"汶川大地震后不久，我与王爷、狗子、小招就发起去灾区做志愿者的活动，号称后小组，实际成行的只有王爷、狗子、程远、画家丁卿虹及我等。原笔记几万字，以下简述。

之所以选择三省交界处的青川县，一是汶川、北川的志愿者过多，二是我们到广元后正好有新辟的交通线绕路去往青川。我们带了睡袋，宿在教育局在北井坝的帐篷里，谢绝教育局提供的工作餐，而是去街头泡方便面喝啤酒。王爷主做电脑维护，程远及我做采访报道，狗子和小丁做伤亡、财产损失统计，并均兼心理援助。帐边为宰猪场，凌晨的尖叫令王爷大受刺激。我们做过不少临时医院、灾区学校、山体裂缝的报道。狗子做过全县伤亡的汇总统计。程远、小丁及我去了红光山体大塌方现场——山体垮下又合拢，埋起了下面的街、车、人，达150米深。狗子为表纪念，剃出带"青川"二字（阴文）的发型。王爷和我还去了死亡近300学生的木鱼中学（几日前温总理曾来慰问）——木鱼在白龙江支流岸——安抚老师，劝慰怨怒的家长。我在青川采访了18天，也偷闲去青溪打听了左担道，去平武看了报恩寺。2010年，西恭、老魏驾车带我走访"5·12"地震灾区，专门去看青川，发现县城还在乔庄，而不是搬迁到地质地理条件较好的竹园坝镇。

另外，三交带的青木川古镇（门票不低）、朝天驿古蜀道、剑门关都频上媒体，在此不再赘述。

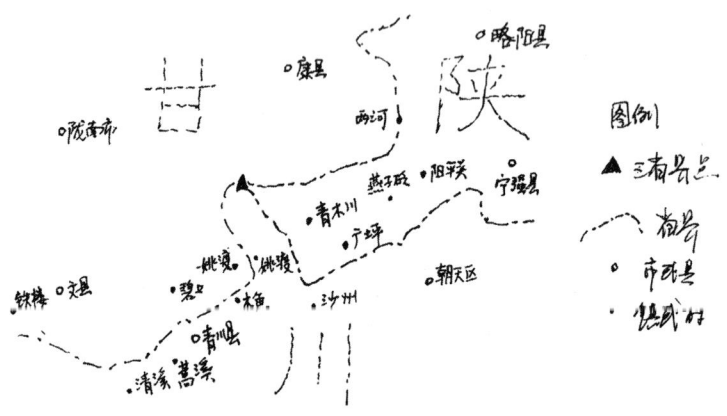

图 2-31　陕甘川三省交界示意草图

32

通天河、金沙江交接处的
青藏川三省交界处

    青海境内的通天河流至四川与西藏交界附近的直门达后就叫金沙江了。那里北面为巴颜喀拉山脉，南面属宁静山脉北段，大山夹着峡谷，气势挺大。三省交界县为青海之玉树、四川之石渠、西藏之江达。这些地方我去过五六次，最接近三省交界点的那次，是十几年前我随地质队（作后勤）在玉树的直门达到奔达的江岸做地质考察。我是外行，除联系食宿、帮着背运样品石，倒也听专业人议论不少地质问题，什么青藏高原抬升前的"洋壳"，什么"超基性岩""转石"，什么"剖面""露头""枕头状"等。也得以欣赏江峡的气势与藏族村寨、寺庙的风景。我还在江边拾些异石，尤其似砚台者——水与沙把一块石头打出光滑的圆窝太不易了。另外，我也听说过20世纪初法国探险家在此一带遇害的事。

2010年，我见识完四川白玉县境的亚青寺的宏大规模后，就辗转到了石渠县。县城就一条街，我闲逛，有售虫草、皮毛，也多有内地生产的廉价塑料生活用品。我在四川人开的小馆吃喝，因问而知这是四川面积最大的县（25000多平方千米），人口约6万；98%是藏族，属于康巴藏族。来的路上我路过阿须草原的一角，知阿须是格萨尔的故乡，近年有过多次盛大的活动，我有不少朋友参与过。石渠南邻德格与白玉，历史上（宋朝时）曾是格萨尔王的辖地。清末改土归流后，石渠从德格土司辖地分出，辛亥革命后建石渠县。我也去看了县城西面10千米外的色须寺，寺很大，全名叫色须贡巴寺。我估计"石渠"就是由"色须"音来。

西藏江达县因处川藏线北线要处，我也几次经过。最早是在1985年，我从金沙江的岗拖大桥从川入藏，是坐着拉食品的老式解放卡车，车速很慢，在沙石路上晃悠到的江达。印象是吃的太贵、宿店被子太脏。江达往西翻过的达玛拉山（属宁静山脉）很大，山的西面就属澜沧江水系了。几年后因听朋友讲江达北部的德登寺古朴（有宋元遗物）及青泥洞往南的贡觉县有彪悍的风俗，想去看看，终因路况差而作罢。

第一次去玉树也是20世纪了，从西宁坐了3天车才到结古镇。因宿在回族人开的小店，知道些回藏关系的异事。后我就搭邮政车与一群师范学校放假的学生去的曲麻莱县。那次我还专在直门达缅怀了一下"长江漂流第一人"尧茂书，他在此翻船遇难。

2009年，西恭、老魏带我驾车在玉树旅游。去巴塘看了天葬台，钻了超生洞，看了文成公主庙。还认识了当地的活佛、土地局的朋友和玩摇滚乐的朋友，一起吃喝，听他们讲本地历史。清朝时玉树有40个土司，后合并成25个部落，1957年才建县，藏族占90%；传说文成公主经此的唐蕃古道入藏；玉树是和平解放的；20世纪50年代中央派不少牧业专家来此。后我们还去了两处藏獒饲养场等。玉树藏族自治州，南有扎曲（澜沧江上游）、北有鄂陵湖和扎陵湖（黄河源），加上通天河，也称三江源地区。州内的旅游点很多，此不赘述。

图 2-32　青藏川三省交界草图

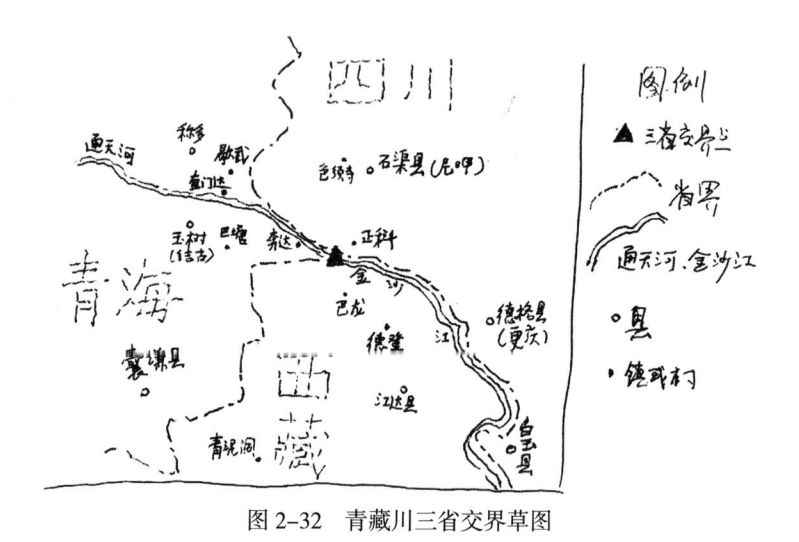

33
湖泊众多的鄂皖赣三省交界处

不算九江市界内的众多小湖，江西的九江、湖北的黄梅、安徽的宿松这三省交界县加上邻近的湖口、彭泽、望江、庐山等，那一带的大湖就有鄱阳湖、龙感湖、泊湖等。长江东西横贯，江面宽阔，时而湖江莫辨。怪不得九江一带易发洪水，以至有人说是九江这名字招致的。我在那三省交界一带旅行过多次。20世纪七八十年代就两次乘江轮通过或下船。在湖口看过无际的鄱阳湖和被文学化的石钟山，在庐山的含鄱口写诗。那时穷，只买得起四等船票——没固定床位，而是睡在过道里，吃喝也尽量在停船的半小时内奔到码头上买来。上庐山也走过免费的后山小路（莲花洞），两人买一张铺位，睡在牯岭街上的旅店。

三省交界县的宿松县，只是20世纪末去旅游过，记得吃的白虾和银鱼很地道，再就是县境的南部全是湖，北部有大片的棉田。也知道宿松县名古老，隋唐就建县了。湖北的黄梅县，去过两次，一次是六七年前专去访五祖寺。记得是冒雨徒步上山，走了近一小时，当时新殿还未完工，新塔只是蓝图。五祖殿还是很普通的小殿，五祖灵塔还看得出是原结构（唐式石塔，仅座、身、顶，约2米高）。我四处转转，也不知哪是惠能的舂米房，哪是题诗的原壁。东山这寺离长江边好几十千米，不可能像书里说的弘忍送完惠能又连夜赶回。当时没有游人，仅一售香的小贩，我在一棚下坐等雨停，也觉王朔展写《六祖坛经》、白话《金刚经》的伟大，甚至冯唐写弘忍等故事也极具魄力。接着我又去四祖寺，当时静慧老和尚正在寺里。几年后我也知道，老和尚圆寂后是在四祖寺荼毗的。

九江市有朋友小蔡的家，我也两次小住，去看过其瑞昌赤湖岸边的祖屋、家谱、祖坟（他爷爷"容貌端严、为人不阿"），也坐轮渡到九江对岸的小池玩过。也与作家狗子坐轮渡过江，去武穴的小镇上玩过。2016年3月，后小组搞了

"抄"天晖老家的活动,大概是孙民、小华、天晖及我,去九江县港口村。我们看了老屋,知其父原为驻老挝炮兵,后去南昌讨过老兵权益,其每天喝一斤酒的祖父刚以九十高龄辞世。看了家谱,知其祖为洪武年的武德将军,辈字有"至德传光耀、天地有洪恩"(光字辈的祖父本姓刘,幼时被抱至吴家)。看了吴氏祖茔。翌日去望佛山看了祖父原姓的刘家祖坟,族谱说始祖与刘邦七子有关,刘家家谱中也有天晖。后又去了附近的道观,与道长聊天。那几日当然大喝,吃大鱼大肉,也了解不少九江县的悍烈民风以及史地信息,如陶渊明墓在县南,如长江中的大洲江洲镇属于九江县,上面有十几个村。

鄂皖赣的三省交界点我没去过,据说就在江洲北面长江副道的大堤上,距黄梅的刘佐乡很近。不急,我们会在那儿吃鱼喝啤酒的,痛风先不管它。至于那儿有没有三省交界碑,等天晖回老家,顺便一看就知。他现在已是三区交界碑的民间专家,做了不少三界碑的经纬记录。

补记:2018年12月17日,与汉行从彭泽坐渡轮过江,经宿松的复兴、洲头、汇口等,在曹湖入黄梅的刘佐,又去江边的段窑渡口，望江对岸九江的江洲上的风力电架及村庄。老乡讲，三省交界点在江心，这一带是产棉区，安徽的客车不允许在本地载客。

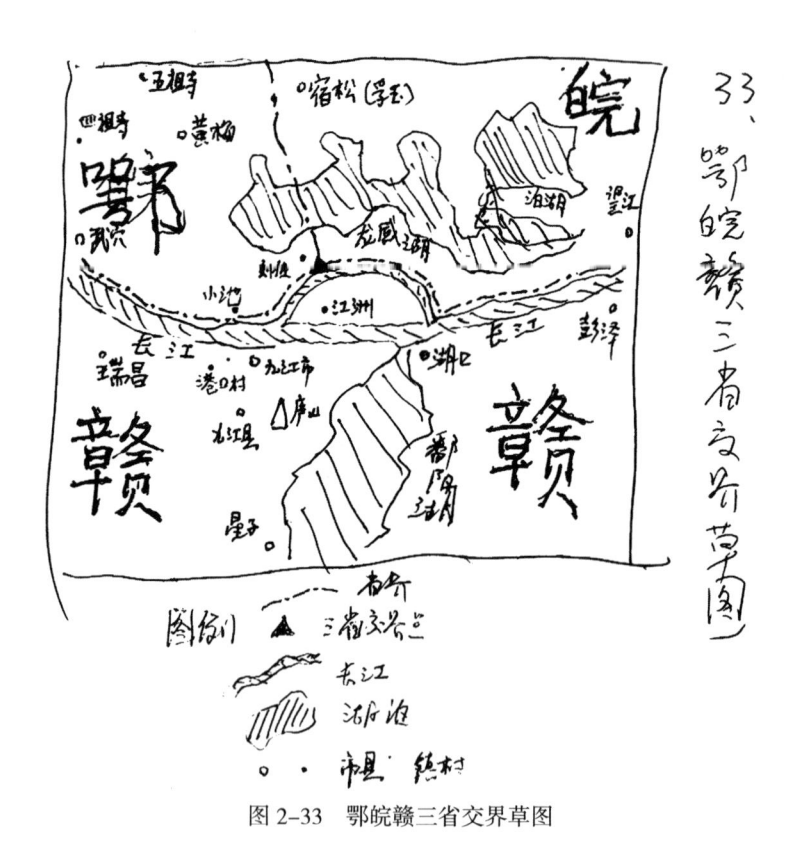

图 2-33　鄂皖赣三省交界草图

34

三岔河上的川黔滇三省交界点

川黔滇三省交界附近转过几次，比如2014年"神父"贾刚驾车带孙民、小华、小磊及我访察20世纪初洋教士在昭通、毕节活动的遗迹，比如近年因访酒我与诗人汉行去过赤水河岸的二郎滩等。专门访三省交界点的三岔河是在21世纪初的一年。以下简录当时的流水。

2001年10月19日：入四川叙永县江门镇后，路边竹林不绝，经江门镇、马岭镇、老君驿、丹山水泥厂、天池乡至叙永县城。知此地人口约60万，年降水量1200毫米。经过产煤的正东镇，也见茶园和烟田。在麻城乡路边，入食宿店，双人间每床5元，可浴。吃嫩笋、豆腐等，喝5元半斤装的平坝窖及4元一瓶的成都出的啤酒。窗外停一车猪,夜多尖叫。店里一服务员,胖乎乎,老爱笑,我叫她"爱笑",她说现在不笑等结婚后就没时间笑了。

10月20日:入古蔺县境,此三交一带古为夜郎国,但今人看起来并不自大。经小城似的双沙镇、双沙水电站。处赤水流域,确见崖坡多为红土。过赤水桥,见水发褐。即入毕节的普宣镇。路边不少民居为草顶。水田少,多为玉米地。本地多彝、苗、仫佬等少数民族,见戴头冠、黑头帕、穿白褶裙之不同者。经归化至毕节。买橘子每斤一元、本地名烟"驰"牌5元一盒。出毕节向北,过观音桥、海子街镇、八寨镇至燕子口镇。吃火锅,灶桌一体,连取暖带吃蹄髈火锅,每人10元,量足。因聊而知:新扩修的"叙大"路,使老312国道沿途经济大跌;此地出铁、硫黄、煤、烤烟;老312国道最初是1939年抗日战争时期修建的;林口西边的海嘎的河口为三省交界点,有纪念红军渡赤水碑;彝分黑彝、白彝,苗分大花、小花、牛角(牛角般的头饰)。从燕子口至林口,18千米破路。海拔在1400米左右,坡上有杉松槐杨,民居边多竹、芭蕉。家家养猪,皆散养。也见站着赶的马车、骑马的姑娘。林口附近,有似石林者。林口镇，街道泥泞，多草顶房。宿小店，一床10元。镇西有硫黄厂，其价每50千克400~900元。此地也有储存烤烟叶的国家仓库。访一农家，一老妇讲本地穷，主要吃苞谷；打工一般去广东。又去访一苗族人家，一对夫妇加五个小孩，屋内仅一大破木床及一灶，小孩衣脸皆脏，7岁的姐姐背兜里背着2岁的妹妹。知苗族可多生育，否则超生罚得厉害。在青山村的某广告说，本地基本消灭了不法现象，是"三无地区"（无吸毒、无偷牛马、无村霸）。也见一姑娘背35千克猪草，她言自己20岁，只读到小学四年级。晚在火桌吃豆腐白菜火锅。服务员不到17岁，月工资200多元。镇街上无电，很安静。

10月21日：早下雨，路泥泞，仅我和老王去三交点的海嘎村，知约10千米。路上遇赶集的人，得以不断问路。我以塑料袋罩头防雨，路泥脏臭，鞋已脏湿，谨慎防滑跌。小路下坡，可拔食萝卜（老乡喂猪的）。见右手坡上的寨子后，又行1千米，小路分岔：左边的可去渭水汇入赤水的三岔河三省界点，10多千米，小路贴崖，危险，一般没人走；右行上坡，约2千米可至三省界点处的海嘎村。我们择右路，石阶粗砺却湿滑，挪步极慢。至顶又下坡，至海嘎。此村散在七八平方千米的坡洼内，有千余户人家，有完全小学，有小卖部。村中狗多。一老乡指点讲三交：北面峡里是赤水（曲行小路2.5千米），西面峡谷是渭河，河口叫三岔口，属三省、四县（毕节、叙永、威信、镇雄）、五乡（林口、团结、水里、坡头、水潦街）；三岔口东南的山叫鸡鸣山；赤水边花1元钱可坐渡船至四川水潦，那边生活好，有大米吃。我们访一户，家具很简单，灶上煮猪食，女主人择晒辣椒。本村属团结乡，彝族、苗族多住山上，本村以汉族为主。返回林口用2个多小时。围炉桌烤衣。晚宿长春堡镇，此有明代旧堡。吃喝时听老板讲本地治安不好。住宿一人10元。

另外，红军四渡赤水时，曾在鸡鸣山下开过重要会议。

图 2-34　川黔滇三省交界示意

35

鸡心岭上的鄂渝陕三省交界点

那个三省交界处我20多年前去过,当时重庆还没划为直辖市并扩域,今鄂渝陕三省交界还叫鄂川陕三省交界。翻出旧时笔记简录如下(当时的川应为今天的渝,另我后来听说鸡心岭上有三省交界碑)。

白河汽车站有去十堰和安康的车。我则至桥头等去竹溪的过路车。先遇往东去鲍峡的车,可从鲍峡绕竹山县而达竹溪,稍远但较好走,而我想等去得胜方向的车,据说山高人少。上了去得胜的中巴,约80千米,票价18元,车上很挤。

基本是上坡,路为土石筑,较窄,但正在拓宽。路过若干白河县的山区小村,民居多为夯土或土坯筑成,略有水田;

坡上大林很少。行约 40 千米，在卡子乡后，过了陕鄂交界的界岭。山上雪厚两寸，树上皆有雪挂，白花花若北国。湖北这侧正在放炮开山修路，车须 3 小时以后才能通行。遂下车向南沿公路步行。

道路泥泞，粘鞋掌很厚，蹭脏裤腿。行走间，听不远处一声烈响，半里后见是一块山崖被炸塌，工人正在清理。又见不远有打眼或填雷管者，一个洞眼约填 60 管。过栈房村，亦多土坯房。步行 2 个多小时至庙垭村，花 1.7 元买啤酒解渴。与村民聊得知：本地出茶（坡上确见茶树）、药材（见界岭附近有村名"药树"）等，但竹山县属贫困县。

在庙垭上了私人小面的，至得胜为 3 元。得胜为竹山县一镇，镇街较热闹。又乘双排座小卡车，过秦古、关子口（此有路去竹溪，但车少）、擂鼓而至佑城（当地人叫"胡加"），车钱 7 元。在此乘上十堰去竹溪的车，约 25 千米，司机要 10 元。

向西过县河镇后，见村乡较密，除萝卜、白菜外，农田皆空。这一带地处大巴山、武当山之间，山多，但因降雨量高，水田不少。冬天各家亦敞堂屋门，以火盆（分填炭填蜂窝煤等）取暖。过白楼密集的水坪镇不久，即至竹溪县城。

县城中有竹溪穿过，溪水不大，河床宽约80米，溪上有两座水泥桥。街面建筑多装饰以白瓷砖，街后有旧的破落民居。城中有座飞檐钟鼓楼，似是新修建的。见了几家网吧，未见酒吧。街上出租多为三轮带厢摩托，女驾手不少。气温虽约5度，但各店皆大敞，街上较湿，不少小巷为泥路，故路人多鞋帮带泥。

汽车站附近小旅社很多，便宜的5元一床。街头小馆带肉的炒菜多为10元，但量足；肉丝面3元，味道就是强于北方。去车站打听，跨省的有径达巫溪、镇坪的车。在街上瞎转，没见啥特色。城边山坡上确有竹林，据说县名"竹溪"始自明代，而战国以前此为庸国之地。见不少批发苹果和橘子的货摊，听说竹溪县特产生漆、桐油、香菇、茶等，其南侧的大巴山深处还有熊、豹、野猪等。

竹溪为鄂陕川三省交界处鄂省一县，西邻陕之镇坪，南隔大巴山主脊与巫溪相邻。县域南北狭长，面积4000多平方千米，海拔约300～2700米，年平均气温15度。发现当地人颇能经受湿冷，很少有穿棉袄者。街上及乡下也见标语如：竹溪无霸，有霸必除；凡有破坏外地投资利益者，派出所包赔损失等。

这里人口音的湖北味并不很重。中老年人仍爱穿中山装，儿童则以校服为主。县城里宾馆、饭店不少，如略有楚风的竹溪宾馆。听说竹溪境内有楚长城遗迹，著名的风景有"十八里长峡"。

晚间又闲转，去竹溪文化报社的楼上要了另一份当天的《竹溪报》，有介绍楚长城的，它较明显的遗迹在竹溪西的"关垭"（亦叫白土关，具体地点叫蒋家堰镇，今已重修关楼，有国道经过），该报还介绍天宝乡三棵树附近的仙人洞（钟乳石洞，洞深而有暗河）以及本地的"人大戏"剧团。寻遍半城，未见酒吧。电影院二楼有舞厅，但吧台无酒售，言规定不得售酒云云。街灯较亮，沿溪岸有散步便道。本地人在屋中多将脚踏在火盆沿上取暖；送煤的为人力车或有人驾辕而驴拉套者；街头无乞丐；烟草店主要为鄂产香烟，有少量云烟和红塔山、红梅，无其他外烟；街头有"梅子垭"茶及某某垭茶的专卖点（本地多山，年降水量约1500毫米，为湖北九大茶乡之一）。

4号这天，买到7:20去镇坪的车票，28元。镇坪是陕鄂川三省界处的陕省一方，因人少（5.6万人）树多（森林覆盖率72%）而想去看看。早点4个肉包、1碗粥共1元。车为东风新型客车，舒适。车出竹溪向东行约5千米在水坪乡南拐岔道，驶上土石路。缘溪谷往南，过沙坝村后，始上坡。坡上多杉松等林，民居侧或有竹、芭蕉、棕榈等。民居多为薄石板覆顶。山岩多为灰色页层状。

驶上高坡见大片茶园，此为龙王垭林场，漫山球状茶树呈墨绿色，树冠上略有积雪。后又过坡顶的龙王垭林场。山上雾大，若小毛毛雨状。旋而下坡，此带山路盘旋多弯，路又窄，贴崖临谷，较危险，但风景很棒，空气清爽，只是较湿冷。山上的草木大都还绿，而忽现的民居大多刷成白墙。此带稍能整理的坡上土地，不管多小，都辟成农田。

下到谷底，见一碧河，阴天水色亦极诱人。此河叫南江河，源于陕西镇坪境的大巴山北坡。河行于深谷，车行于崖壁一侧，略悬。至一座石桥桥头的岔口，往左可至泉溪，39千米，我们往右，去往上鄂坪方向（54千米）。20分钟后至鄂坪乡（非上鄂坪），过白楼村的学校。风景绝佳，这里涧深水澈、满山草木，并且山峡长几十千米，不知竹溪著名的"十八里长峡"比这如何。

过上鄂坪村后，并没翻岭，也未见明显地理变化之处，顺着河谷稀里糊涂就进了陕西的镇坪县境。过洪阳林业保护站，过甘坪道班，过头店镇。这一带民居多以空心糙沙砖垒就，覆以不规则的石片。我发觉大巴山这一带都是这种层状的灰色岩石，并没见到花岗岩。过了80米长的隧道，即镇坪的白家乡，有白家小学，又过镇坪林场。一直顺着南江河就进了镇坪县城。

县城沿河而建，主要在河西。城侧有县制药厂，本地出药材，号称"巴山药乡"。街上人不多，主街仅一条，口音陕风不重。据说在民国时属平利县，后归属多变，1962年才建县。镇坪县主要以南江河为轴，左右皆大巴山脉的支脉，尤西侧的化龙山，海拔2800米以上；南侧以大巴山主脊的鸡心岭、杉树坪与四川的巫溪县为界。县城在谷底河畔，城南不远即南江河两支流的汇合处。镇坪是安康地区最偏僻的小县，但就民居来看并不很穷。街头有售香菇、苹果、中药材等特产，另本县与邻县一样也出生漆。

吃5角钱一个的大包子当午饭。乘上发往四川巫溪县的中巴，票价25元，但较新的地图上也未标有两县通有公路（竹溪通镇坪也未标）。出城南行，柏油路，傍河，两边为大山，谷地宽处略有稻田，坡上多树。至大河乡，此有路向西可去华坪，我们直行，奔鸡心岭方向。若往西可接近化龙山，据说那有原始林区，有华南虎和中华鲵等。这一带见到了"扶贫天麻种植区"的宣传牌。

行至较高处的瓦子坪，此有岔口，往东有土路约20千米可至竹溪县的丰溪乡，我们直行，先进入湖北的菜子坝，3千米后入川而穿过重庆市境的大型古典式牌楼，公路由柏油改为水泥筑。鸡心岭一带大雾，能见度约6米，行车较慢。路况很好，路侧临谷处皆有金属护栏。下坡，已在大巴山南坡。

下到坡底，即见大宁河上游之溪，当地人称之"垫子河"（音），水清，水量不大，河中多滩，无船。已在巫溪县境，县以此河著名，河在巫山县汇入长江，近年此河开发旅游力度太大。过徐家镇，见大型工厂（估计为水泥厂），镇如小县，又过白鹿镇（此带有白鹿传说）。公路两边，基本村镇连绵，可见此县人口密度之高（近50万人）。从徐家镇至巫溪县城一路，隔不远就有这峡那谷那洞的风景区，还有岩棺等。据说此带为古巫之源地，春秋为巴，战国为楚，宋为大昌县（位置在县东30千米外），1914年定为巫溪县。过了大河乡、灵巫洞景区即巫溪县城。路上我发现距河面1米多的崖壁上有连续的方孔，间距一致，不知何用。

巫溪县城主区傍宁河两岸而建，市中心在河西；钻过

200米长的南门隧道还有一大片街区（估为"巫中"）。城中多中层建筑，街道狭窄，很多房屋依山就势，且毗连紧凑，有小山城特色。宁河由此通航，主要有通下游龙溪（船费10元）、巫山县（船费35元）的船。河水湛绿，怪不得至巫山段为著名的"小三峡"。

不过此地陆路不便，仅有通镇坪、万县（今万州）、重庆、奉节、云阳的跨县车，而无通湖北神农架林区（县级）、巴东、巫山的车。

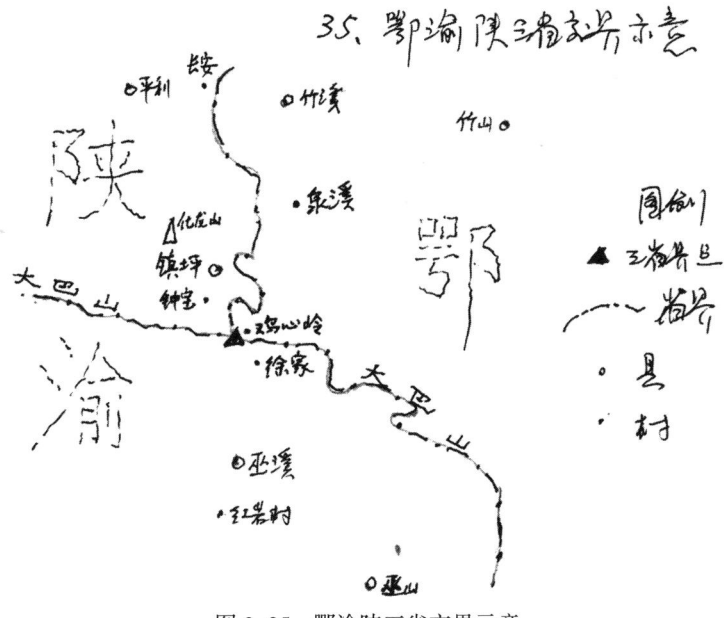

图 2-35 鄂渝陕三省交界示意

36
黄土高原上的陕甘宁三省交界处

陕甘宁革命老区范围很大，中心是延安，而陕甘宁三省交界处则偏西北，中心区的三个县是陕之定边县、宁之盐池县（旧称花马池）、甘之环县，而各县至三省交界点都在100千米以上。那一带我16年前去过两次。

一次是访陕北靖边、定边的明长城，去了靖边北缘的白城子——大夏统万城，那残存的白垩土城堡远看竟像泰坦尼克号，而荞麦田里的老乡非要领我去他家看收藏的古代罐子。昔日三边之一的安边，非县城，只是小镇。我们沿着长城根走，不停寻摸，还真拾到一枚铜钱。从安边到定边，长城较平较直，但定边附近至少有两道长城。定边的鼓楼还是老样子，县街无高层楼，见老乡皮肤很少滋润者，据说每年春天从毛乌素沙漠吹来的风很厉害。本地的降雨量不到北京的一半，才300毫米。所见农地也多半是玉米地。定边与盐池交界一带，却盐池连绵，白光映日，产盐悠久，较大的就有花马池、波罗池。这一带鄂尔多斯高地与陕北黄土高原接壤，所以牧业不弱，著名的宁夏滩羊多出于此。据说，唐代就有盐州，宋时属大夏国，民国初年建县，而抗战期间国共各有盐池县政权（前者在普安堡）。今盐池县不到20万人，汉族为主。盐池境的明长城，基本与公路相伴，我觉得适合弱体力者徒步。记得旅行家肖长春在《走长城》中记述这一段时，大意是轻松快捷。

我找到2000年8月的旅行流水，兹摘录与三省交界县环县有关的部分如下。由吴忠上211国道，"85千米"见路西有烽火台，后约每5千米一座。"105千米"侧有小煤矿。"106千米"到"115千米"一段草地较好，见羊群若干。"129千米"有明代惠安堡，每边长约200米，此为一村，有树木、羊群。"134千米"是惠安堡镇，镇南有清真寺。此有十字路口，东通大水坑乃至盐池县，西通25千米外的韦州宋代康济寺塔。过苦水河上游一支流，"140千米"见潘儿庄的西瓜基地。"153千米",隰宁堡,有村及道班。"156千米",坡顶有峰台。"160千米",路边坡顶有城堡,据说叫关家台,每边长约70米。路边已偶见窑洞。"171千米",宁甘界,并无突兀山梁或山口,附近有水泥厂。甘境路况差,至环县的甜水堡,边长百多米,镇街热闹,有"反吸毒"标语。环县面积近万平方千米,山梁多,干沟多,路边见荞麦地(耐旱)的梯田,也有护路的杨林。环县降水量属中等,年均450毫米。荞麦花半粉半紫。见南方人的养蜂点。"185千米",已入环县境30千米后,见典型陕北高原景象:梯田和塬上田、成排的窑洞和川沟。"192千米"有大型烽台,边长约15米。见妇女多系艳色头巾,男性多穿夹克或制服。过丰台堡,至山城堡,此有烽台及"山城堡战役纪念地"。傍西川河至洪德镇,西川与一河在此汇成环江,但水量不大。经二十里沟的沟口,见山坡上那座宋代六角九级砖塔,即到环县。老城墙犹在,南城门拱券包砖,墙为土筑。今天有集市,有外省马戏团来演出,但大多老乡只在场外听锣鼓热闹而不买票入场。据说当时环县为全国贫困县正数第七名。见不少老乡仅买每个5角钱的包子就餐厅内的茶水充饥而津津然。环县人口27万,不少处见计划生育的标语。本地秦汉时属北地郡,三国时为羌胡地，唐置方渠县，宋为环州，明清属庆阳府。环县已开发石油、煤，基本以农业为主。老乡讲荞麦亩产约200斤，收购价每斤6角钱，糜子亩产500斤。本地吃食无大特色，我们吃煮羊肉及包子等。出环县南下，路边时见油田的抽油机（俗称磕头机）。过孟家镇，到曲子镇，见环县二中，校舍不错，估为"希望工程"建设。多见拉原油的车。

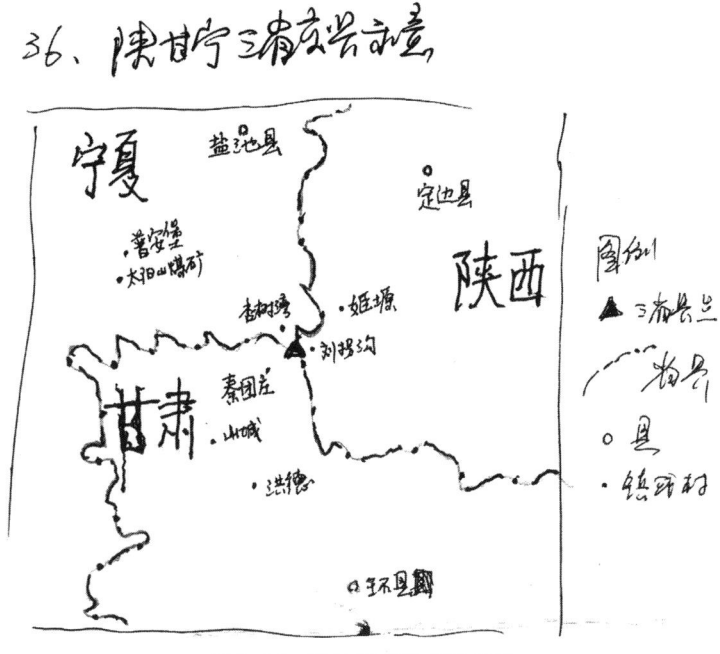

图 2-36　陕甘宁三省交界示意

37

南盘江上的黔滇桂三省交界点

发源于云南中部的南盘江，宛转东流到黔滇桂三交处后，就成为贵州与广西之间相当长的一段界河。南盘江属珠江水系。三省交界的县是罗平、兴义和西林。那一带我与朋友17年前驾车旅行过，兹摘些有关流水。

盘县（今盘州市）至水城，约78千米，有省道，水泥或柏油筑。见穷人家出殡队伍，仅一幌子，无纸马、纸车，棺材不小，为黑色，四人挑之。

过香炉山路口，至金钟乡。今又是大雾，也因海拔仍在2200米左右，也有牛毛细雨。在102省道307千米处，有去二塘镇的路口。路边仍见杉松竹等林，农地多为玉米地。

即至六盘水市的水城县（现水城区）。城不小，上空多工业粉尘。此为煤炭大城，六盘水矿为全国十大煤炭基地之一；六盘水还有一块飞地。贵阳至昆明的铁路经过此地；市周为海拔2000～2800米的山岭，出产楠木、马桂木、木莲、银杏等。

出六盘水市区、入水城县乡村。仍沿212省道，欲过南边的盘山。过玉合彝族乡，雾仍未减，且小雨淫淫（黔省好秋雨，该下时不下）。至杨梅镇午饭。山城普啤，单价2元；老乡泡药白酒，二两1元。一服务员为苗族。听当地人讲：杨梅镇出杨梅、柿子、核桃（3元一斤）、橘子（7角钱一斤）。路边有茶园，镇上也有茶加工厂。

发现沿路居民点较密。水城3600多平方千米的面积，人口却有70多万。路上常见着民族服装的妇女，本县据说少数民族占43%；年降水量在1200毫米以上。过杉林村、发耳乡后，路遇布依族妇女，为其照相，她们窘于普通衣服。

过北盘江上的五孔拱券桥。见江水灰浑，较急。此江为珠江上游主要支流（黄果树的打帮河亦在下游通北盘江），我们已在珠江水系，驶到坡上，俯见江峡较有气势。路边有连绵的梯田，偶有小煤矿。过鸡场乡后，盘升至山口，即入盘县境。

下坡，到四格镇，镇子很大。再行，见路边有割漆者及漆树林（割漆类似割胶）。今天遇五六次公路收费，但收费都不高，且路况不错。过洒基镇后，即入土城矿区。该矿区很大，有火车通昆明等地。路边运煤运焦炭的大卡车不少，自然空气一般、噪音不一般。

过了去云南宣威的路口，即到土城火电厂，很大，百万千瓦级别的，故镇区若小县。

过月亮田煤矿及盘关镇。见公路边有禁毒的标语。由土城矿起，公路铁路沿河流并行于一道峡谷。又过山脚树矿、断江镇、老屋基矿后，至两河乡（两头河）岔口，若西行可至云南沾益。我们东行，在刘官镇路口向南（即向右，若直行可经安顺达贵阳）至盘县县城所在地的城关镇（但中国地图出版社2001年版的《贵州省地图册》把县城所在点标在了城关镇西几十千米的红果镇[①]）。

盘县县城在宽谷中，俯望建筑密麻。行在城中，觉路窄

[①]1999年，国务院批准撤销盘县特区，设立盘县，以原盘县特区为盘县行政区域，县人民政府驻红果镇。2017年，改为县级盘州市，由贵州省直管，六盘水市代管。——编者注

车多人多。盘县 4000 多平方千米，人口 100 多万。该县年降水量 1500 毫米左右。该县往南通广西，此路自古为黔滇要道。

沿 202 道南下，过板桥镇在水塘停。宿私人小店，10 元或 5 元一床，略脏。吃炒菜，喝啤酒、白酒。水塘东有丹霞山，可望山顶寺庙，三月三为庙会（该县今有古人类遗址及几个溶洞）。

出来已 13 天，今 10 月 24 号。6 点起床后，见路边一片穹隆群，那是烧焦的窑堡，附近有焦化厂的招牌。盘县的经济龙头是煤炭与发电，如响水（在水塘西南）煤矿年产煤千万吨。

上午又是大雾，见迎雾上学的小孩，他们表情谨慎，没有高的和胖的。雾中的杉松竹，朦胧得让人烦。至民主镇一布依族人开的小馆吃米线、喝刺梨酒。附近产茶，但无牌子，30～70 元一斤。

过大山镇后，在大丫山有去盘南发电厂的路口，该厂装机容量为 360 万千瓦。在 212 省道 414 千米附近为忠义镇，像其他乡镇一样，这里狗多，在街上遛遛，跟闲人似的。

六盘水至兴义县的 212 线，路况好，也因抓罚超限车辆，不少地方有超限检查站。但我也见几处超限检查站前后一两千米，有卡车专门装载大货车上超限的部分（两车尾相对），待过检查站后再将超限部分装回原车，于是两车都得实惠，转载费大大低于罚款。

过保田镇后，入兴义县境，大概在441千米处。行了约几千米土路又恢复柏油路。左手有水库在峡，水绿。过云寨村，这一带也有烤烟用的烤房。过上母奶村、下母奶村后，又过了几幢白色建筑的制药厂，就到了兴义市。该城不小，建筑多新，一因其经济不错，二因此为黔西南布依族苗族自治州首府。兴义为三省交界处的黔方，南以南盘江水库区与广西为界，西以黄泥河与云南为界。兴义一带，海拔仍在2000米左右（最高2800米），年降水约1500毫米，年平均气温15度。

西出兴义，欲去云南的罗平县。过乌江镇，路左侧见浑色的黄泥河，路边多芭蕉树，其大阔绿叶，紫红花瓣，据说是经济作物。过岔江镇正逢集市，车行艰难。我注意的商品有烤烟捆、水烟丝、鸡笼，老王花1元买了四斤芭蕉，挺好吃，还买了米糕等。

傍黄泥河行约7千米，入云南境。公路号由326转为

324（其实二道相连）。行在罗平县境，见路边有"黄泥河漂流起点"，约在324国道2379千米处。至罗平的长底乡，在布依人的馆子吃腊肠、炒豆腐等，老板说这镇上布依族很多。又至板桥镇，见娶亲风俗，新郎背着穿婚纱的新娘由下车处至400米开外的饭庄。

罗平县也属古夜郎国，明代改土归流后为县。它为三省交界的滇方。

欲去三省交界点一带的罗平县鲁布格镇（贵州那边也有同名镇）。打听出一条地图未标的新路去鲁布格，当地人也叫它乃格。由板桥至乃格约40千米。

由板桥下国道，按路牌驶向"鲁布格多依河风景区"的路。路为柏油路，出板桥镇街后，约几千米，又一乡，又逢集，见小贩与过路车司机争吵，一脸恶相。

车行黄泥河西岸，因下游有鲁布革水电站，此带河水宽绿而深，可乘游船。对岸有贵州的鲁布格镇。峡深峰峻，森林覆盖率高。沿柏树夹道的公路曲行，过一隧洞，即鲁布革大坝及电站。其蓄水一侧，有售游船票，每人32元。大坝南几百米西岸，有观看大坝的观景台。观这大坝，宽约90米，高约60米。

沿路过一单孔券桥，即跨黄泥河而入贵州的兴义市。过中寨村后，至一个叫"小台湾"的度假区。在此往左拐两三千米后，过去往贵州三江口镇的岔路口。沿路前行几千米，又过单孔券桥复回云南罗平境，马上即罗平的鲁布格（乃格）镇。此处亦有一个水电厂，还可参观。去老码头的路为土路，再前行几分钟有水泥路直至新码头。

码头下是下游已蓄水的黄泥河，但更像一水库，山环水绕，林青波碧。此距三省交界点——黔之兴义、滇之罗平及桂之西林的三县交会点约两三千米。交会点是黄泥河注入南盘江的三岔口。距三省交界点最近的是罗平的鲁布格镇、兴义的三江口。这一带森林覆盖率在50%以上。

与码头上的布依族船老大聊天而知：他的铁皮船，发动机1000多元，船身3000元；包船去三江口（三省交界点）60元（可砍价）；他家就在三江口边上的三江口村（属罗平），但无柏油路可达；三江口一带大多为布依族；10年前南盘江下游（距此约百千米）蓄水建电站以前，这里（指码头一带）都是农田，三省交界点也只是很窄的河，现在成水库了；船顺水可至百千米左右的大坝，逆水可行七八十千米；西林县出水牛。

见码头上泊 10 多条铁皮船，它们主要作为三省交界一带的交通运输工具。有若干穿民族装的布依族妇女在装卸沙石等。因不是旅游季节，此码头未见游船。码头附近的坡上有度假区的"洋楼"。鲁布格镇上也有大量暂不营业的食宿店、旅游公司等。

我们未包船去三省交界点，因为那已是旅游区了。仅是查地图并问讯了些地理信息，比如，从罗平乃格往南经八大河镇，沿南盘江可至广西的马蚌镇及西林县；从鲁布格（乃格）往鲁布革电站可至贵州兴义市的鲁布格镇和三江口镇；各省都围绕三江口（三省交界点）开发了旅游，云南这边声势大些；本地多雨，尤其秋天；本地除煤外，也多铁铜铅以及石油，农业以玉米、水稻、小麦为主，特产有烤烟、烤姜、橘柚及药材黄石。另外，西林县人少，才十几万，"西林教案"是法国挑起第二次鸦片战争的借口之一。

见本地布依族女性，无论老少，多穿斜襟、绣边、蓝底的宽袖褂子；头多戴毛巾帕，不乏赤足者。民居分土坯筑、砖砌、水泥贴瓷砖者三种，风格无殊。见若干妇女在家门口纳鞋底或绣花，猪就槽、狗卧街，男人们在呼噜呼噜吸水烟，乡村小景颇惬意。

出鲁布格镇，过多依河风景区门口，几乎未见游人。过大水井后，路边有较平坦的大片农地，这是油菜花烂漫早春的地方。路过写着"油菜花旅游节"的大牌楼，我们大概知道每年一二月份，这里成千亩的油菜花组成金黄艳丽的世界，它们已超出经济作物的范畴，成为罗平旅游的龙头。

开车去罗平县城（罗雄镇）的路上，搭了一个养蜂姑娘。她大概讲了其公司引进外国工蜂品种，也搞信息蜂王（假蜂王，使蜂群聚集）而改良蜂蜜；国产蜂蜜抗生素太高而进不得国外市场；养蜂出蜜大国有美国、俄罗斯等；本地蜂王浆收购价在120～150元之间；鉴别真假蜂蜜的一般方法为：真蜜手捻无颗粒、较透明、口感好及价格不会低于8元；云南也有在树窝洞中连带蜂蜡的野蜜；其公司在本地的蜂群撒在"野合香"花茂密的地带。

鲁布格（乃格）至罗平县城约45千米，路平。快到县城时，已出丘陵而入平坝。县城近几年新修了几条大道（街），建筑多新，食宿点毗连。高档的有罗平宾馆、多依河宾馆，普通的有旧城区5元一床的小店。饮食多有火锅的招牌，如狗肉、羊肉者；另外这里黄焖羊肉馆也不少。因非旅游季，街上及大部分食宿店很冷清。

寻一私人旅店，双人间每床10元，带电视且干净。去吃了炒菜、蒸菜，喝橄榄泡的白酒及3元一瓶的啤酒，买了5元一包白盒包装的石林烟。

饭后，我欲寻酒吧喝一会儿，走了三里大街未见酒吧或茶室等。我逛了一个半小时，也没找到纯喝酒的地方，冒小雨回旅店。

10月25号是周六。我走了一段老城的西关街。小街上剩些老式二层民居，不新鲜。不少家都以柴生炉子，街上略烟，小街多湿泞，百姓表情亦有不见明朗。

出罗平，入师宗境。师宗亦为丘陵区，见路边村子里多有烤烟的烤房，除蔗田、菜田外，农地都闲着，也见师宗县名胜"菌子山旅游"的广告。过陆良县境，见"沙林风景区"的若干广告。约中午1点至曲靖市。此为石林香烟的出产地，到店看，石林有六七种牌子，新出的白盒不错，买2包。又买本地特产韭花（可当咸菜佐粥）及柚子（每公斤2.5元）。

去逛街，主要在麒麟路一带。见了曲靖师范学院、曲靖广播电视台、曲靖市第二人民医院、曲靖市第二中学等。也逛了两三条小街，多有打麻将者。到一书店翻村上春树的书

（辑其谈吃喝者），适合"中资"。曲靖在云南高原的东端，海拔均 1000 米以上——这是否影响当地人的身高与胖瘦？反正街上高个和胖子都少，要不就因为本地人的艰辛历史。

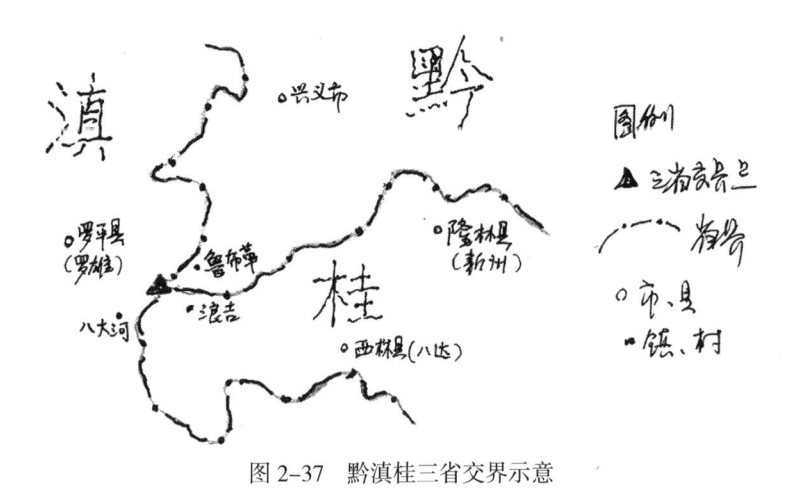

图 2-37　黔滇桂三省交界示意

38
毛乌素沙漠中的陕宁蒙三省交界处

　　鄂尔多斯高原大部分被毛乌素沙漠覆盖，我在那一带旅行过几次，兹说些三省交界处盐池、鄂托克前旗、定边的见闻，却都是20多年前的事了，难免陈旧。

　　无定河上游流经鄂尔多斯高地南部的乌审旗、鄂托克前旗。那一带属半沙漠式草地，可见的畜群多为小尾寒羊，草场设有围栏。据说"文化大革命"时这里也讲究以粮为纲，而开荒种地、毁林毁草，终造成土地恶化。20世纪80年代后才开始恢复草场，并鼓励造林。见荒沙上有插植成行的小柳树及贴地生长的柏树，也有飞播的牧草（禾本科、豆科）。本地的鄂尔多斯细毛羊的毛和绒都是名牌。本地的马不甚高大，但适应沙漠地区，能挽善乘，韧力好，有骆驼风格。据说宋代以前，毛乌素地区林木很多，但现在覆盖率不足10%。现有造林专业户，据说每户承包荒沙6000亩以上。本地也出产甜瓜、糜子、荞麦等。

靖边、安边之间的无定河西岸有宁条梁镇，最显眼的就是哥特风格的天主教堂。本地人讲，教堂的神父姓司；三边地区及鄂托克前旗以前有好几座教堂，最早是清同治年比利时人来传教，后义和团联合乌审、鄂托克旗兵攻打教堂，但1901年签订《辛丑条约》后，又赔银、押地而恢复教堂；宁条梁往北是鄂托克前旗的城川，那也有教堂和不少蒙古族信众；那有唐代宥州城遗址和原属陕甘宁边区的民族学院；鄂托克全旗才8万人，蒙古族2万人。

西入定边境，过郝滩村的十字岔口后，可见南边的土筑边墙。在八里河沿公路过边墙豁口后至安边镇。见老城墙的北墙保存最好，南墙处已拓为新街区。北望是一派荒沙。安边、定边、靖边合称"塞上三边"，明代屯军设营以防鞑靼。西出安边，公路与长城并行，路北长城多有蚀损，几乎呈锯齿状。此长城现可抵挡沙漠南侵。安边西两三千米还有一座小型废堡。也见路边的抽石油的"磕头机"。

定边县城，一条东西向大街热闹，新楼不少，也有一时钟大楼。旧鼓楼犹在。本地男人相貌较堂正，这或与历史上的血缘杂处有关，秦、匈奴、北魏、西夏、蒙古都控制过这里。据说张献忠出自本县的刘渠村。定边有三宝：皮毛、湖盐、甘草。西出定边，公路左右皆有边墙，有的被掏出了窑洞。陕宁界处多见盐湖及堆成小丘的湖盐。

过了宁陕界约 10 千米即盐池县城。老城墙一圈完好，角楼、马面墙也破损不大，南城门有新修过的痕迹（两个拱券门洞）。老城内一组古建为烈士陵园。城北有一座清真寺。老城墙的南墙外侧，不少人家借墙挖窑洞住。打听到：盐池人口约 15 万；民国初年建县，抗日战争时期为陕甘宁边区，解放后才归属宁夏；本地的滩羊和甘草闻名。

鄂托克旗和鄂托克前旗，西临黄河，紧邻煤都乌海市，故也有相当多的煤矿；不能光看地表多沙。30 多年前，我与朋友骑车经过鄂托克旗西部，起伏的沙石路，沿途荒凉，也无饭馆，饥渴交加，终于在沙漠中找到了探矿队，水、大馒头、煮土豆让我们觉得比母亲还亲。

补记：2018 年 4 月，我与小华到鄂托克前旗的城川镇，访天主教堂（神父姓吴，蒙古族），访唐宥州古城址及原延安民族学院旧址。又经珠合（同车人说这是腾格尔老家）到旗政府驻地敖勒召其。经过吉拉苏木（有喇嘛庙）时，当地人说南边的二道川、麻黄套就是三省交界处。

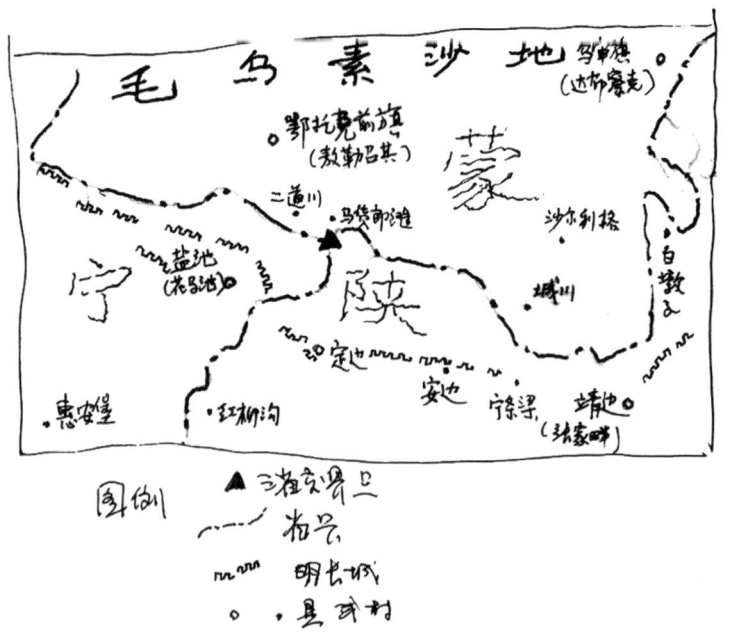

图 2-38　陕宁蒙三省交界处草图

39

大巴山上的陕川渝三省交界处

以汉水为轴，北秦岭而南大巴山，两者都有3000米以上的高峰（太白山、大神农架）。这两列山脉，东西长度差不多（皆400千米以上），只不过秦岭作为地理分界线更有名，其知名古道也更多些。我在大巴山的南坡、北坡旅行过若干次，兹挑些与三省交界县万源、城口、岚皋有关的见闻简说一下。

苏大哥徒步从岚皋至城口后，说空气好，全是林子，老乡也好，随意要水吃个饭——给钱都不要。我记得，万源附近有条任河，北通汉水——山河相拥，也多纠结。大巴山比起秦岭而言，更是山陡谷窄，俯瞰即褶皱更多。大巴山西段有米仓道,连着南江、巴中,东段据说城口县也有古栈道。我倒觉得南北百姓来往,贯通的小路很多,任何险隘处都应有人工凿铺的痕迹。

万源县一带,曾是苏维埃红区,1949 年 12 月解放。我在 18 年前去过。从镇巴县翻大毛垭(当地人如此称呼)山口,后至万源的官渡等。遇当地收药材者,知黄姜 2 元一斤,柴姜 1 元,五倍子 5 元,野天麻 50 元,金银花 15 元。去往开县,到任河(属汉水流域),有不少漂流点——"大竹河"等,清流白浪。过沿河乡,入城口境,大竹河已渐浅。在坪坝镇吃喝。北侧大山约 2000 米以上,林木不乏,也见煤、锰、铁矿等。见茶园、药圃及"禁割生漆"的警示牌。据打听:人口 30 万,有苏维埃遗址;有直达重庆班车;林业发达;有春申君故址。庙坝镇一带,大山高峻,艰难至山口,高约 2000 米⋯⋯

岚皋是 2012 年与旅行作者孙民一同去的,也因"巴山夜雨涨秋池",那个剪烛之西窗的遗址,想看个究竟。也查了些简介,知滨河临高为"岚皋",该县辛亥革命后建立,约 18 万人,多小水库,富矿如铁及有色金属等,亦多产杜仲。但我当时的笔记找不到了,只能忆个大概。我俩从安康乘长途车，向南，先沿着汉水，后又溯岚河而上。路边多竹林。因我俩聊天，被邻座一女学生注意，她主动介绍岚皋，又说她是高三学生，以前出过车祸头部受伤现已痊愈云云。她陪我俩小逛岚皋，见此小城坐于河边半坡，四周为山，建筑紧凑，街人不多。我们也打听去城口方向的交通，有小公路，小面包车即可走，约90千米，但因费用高而未行。有关李商隐诗中的"秋池"却未问出结果。又去城南那女生的学校附近请她和同学们吃饭，知他们都在为考大学而努力。我与孙民也商量是否徒步翻大巴山去城口，终畏途而罢，也因当时是初冬，天又下着小雨。记得翻过这处大巴山的苏大哥说，省界两边都有林场，大片的原始次生林，尤其过了山口是一路慢下坡，感觉风景更好，车都懒得搭。

补记：2019年春末，与孙民去紫阳县最南端的界岭镇的双泉村。此向南可走小路，过"28拐"，上"跑马梁"，再向南下山可至城口县的高楠镇。双泉一喧，多见古栈道遗下的榫眼——"大眼石"。遇采药者，言天麻七八百元一斤，七叶一枝花600元一斤。又知双泉东面的金狮村也有翻山小路去城口。

图 2-39　陕川渝三省交界示意

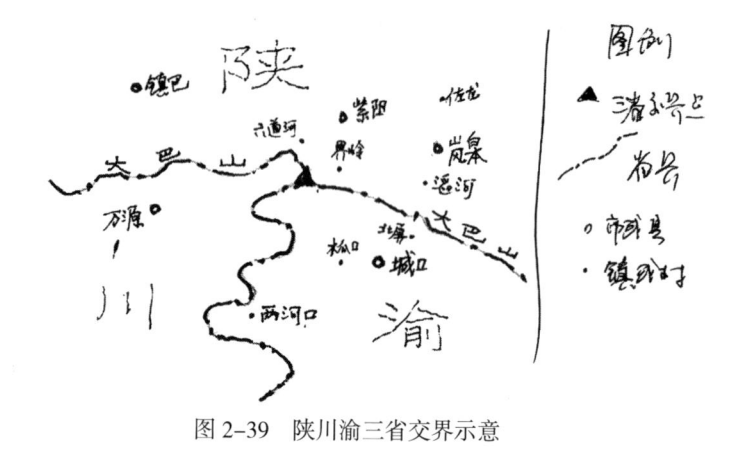

40

侗苗风情的黔湘桂三省交界处

黔之黎平、湘之通道、桂之三江，这三交一带去过两次。最近一次是 2011 年与朋友孙民去的。记得广西龙胜各族自治县、三江侗族自治县一带的侗寨风情、漂流等旅游项目已经成熟，如木屋叠丛的三寨。通道侗族自治县的侗族鼓楼、廊桥更有名，如程阳桥、回龙桥（以前玩过）。通道北部的渠水河通往靖州和会同，河岸风光虽好，但我俩心思是在渠水河下游的会同，那有朋友诗人小招的家。另外，近年听说，由三江侗族自治县的独峒，可去在一条街上的三省交界处。

如下摘录 20 世纪末在黎平、三江的旅行笔记。

过了同乐乡不久，一进芭沙小镇，就见一群小学生放学，男生一律脑后蓄留长发或盘成高髻、半长漆裤漆褂；女生一律漆布肚兜外罩对襟漆褂、长发随意或扎或插梳；男女一律赤足，却疾走无碍；都无书包，课本等裹以塑料袋。芭沙小学代课的孟老师告知，这是苗族小学，属丙妹镇（即从江县城），校内汉语、苗语都教，代课教师月薪120元。到县城所驻的丙妹镇前，又见些中老年苗族男性亦留发髻。没想到在当代还能见到明朝的男子发式和明式衣装，这活生生的古董就在苗岭和九万大山之间的深僻处。到了从江县城才发现，除城西江南岸有一片木屋棚户区外，满城皆新式的现代建筑，新型码头、水泥大桥及贴满瓷砖的大楼显示出这是一座年轻的城市。的确，现在的从江县境，自古即三地交界的荒蛮处，汉分属武陵、郁林、桂林三郡，民国时为永从县、下江县、黎平县地盘。不过从江县在20世纪五六十年代以后发展了煤、水泥、航运、木材等工业，县城还是挺富裕的。

在从江县夜眠较热，气温与广州一样，查气象图才知都柳江流域（三都水族自治县、榕江县、从江县）的年均气温为20度。故这一带山上植被以阔叶林为主，亦有些热带植物如芭蕉、杧果、橙子等。从江县城的丙妹镇几乎在黔桂界上，广西来的321国道经此，而都柳江航运宜货宜客，更有木排连筏者。出丙妹镇欲去黎平县，也是土石公路。10千米内一直傍河且沿路有三四个侗寨，均有鼓楼，其外形比湘桂的鼓楼多了一个尖顶，一般为五檐四角，全木结构。比如洛香镇的郎寨鼓楼中间有16根柱子，顶檐为八角。过贯洞乡、新安乡后就入黎平县境了。沿途多见鼓楼和几座简朴风雨桥（廊桥）。而侗族的田边水畔，多修有木筑或石垒的公亭，任人歇坐，这与桂黔侗乡的情形一样，此种公共福利设施在其他地方罕见。只是侗式鼓楼、花桥更闻名一些，尤当代小富之后寨寨重修鼓楼而漆以重彩，像是土人发财后穿上时髦衣服，令外人别扭。黔东南与湘桂交界的侗乡鼓楼、廊桥很多，仅从江县就有鼓楼、花桥200多座。其实那鼓楼为半塔半楼式建筑，现在仅有观赏意义；而廊桥上修重阁和花栏，稍嫌奢侈，避风雨降为其次。不过一个民族尤其是少数民族总得留些传统的东西，否则商潮汹汹、汉风滥滥，一个民族的文化难以维持。

永从为黎平县的大镇。此带林业发达，坡上尽是笔直成材的杉木，路上不少两广的卡车拉满原木。黎平境内的鼓楼名胜在肇兴，最大的花桥在紧挨广西的地坪乡，因路差只好舍弃。黎平县城最早建于明朝永乐年间，叫黎平府，县制始于民国二年。现代黎平有名，一是杉木好而多；二是黎平绣，比如路上能见妇女身上的绣品，以蝴蝶和蜘蛛的变形为图案，色彩柔和，走线单缕。县城内的出租多为三轮蹦蹦（而从江以及桂北桂西则多为侧三轮）。黎平东面翻过大山即湖南的通道，水系上都属沅江，民族地理上都为侗族聚居区。

24日中午到的黎平县城（德凤镇），欲去苗族最集中的台江县，近路须过雷雨无常、坎坷多坡的雷公山区。我们打算绕锦屏、三穗，这是条柏油路。出德凤镇，过高屯乡、中黄镇，路边森林覆盖率三成以上，据说黎平县和锦屏县的林业收入占经济收入的五成。黎平县境内的敦寨正值散集，有些青衣蓝衣的少数民族妇女，我们分不出侗、苗。这一带侗族占人口六成，苗族占两成，但服饰多已汉化，汉语也标准，毕竟交通方便，与外界联系多多。黄昏时到的锦屏县，如内地城镇，清水江穿城而过，江内多船多排。东北方向不远的茅坪镇，为木材大码头和市场；此带运木多假江河。锦屏县城新建筑不少，除杉木外，石灰石和沙金也是该县经济的小龙头。在小馆与老板聊天得知：此带侗族与汉族通婚很常见；侗族人做生意一样发财，当官一样升得大；有的后生说不清自己是侗族是汉族。锦屏东有通湖南会同、靖州之路，西通剑河、台江（路差），北至天柱、三穗，故城内车多声大，加上歌厅发廊的霓虹，也算有声有色。

广西的三江侗族自治县与湖南的通道侗族自治县从南到北枕着同一脉大山，这山属苗儿山的余脉，六七百米高，确是地道的分水岭。三江县的融江流入下游的柳江乃至西江，属珠江水系；通道的坪坦河注入沅江、汇入洞庭，为长江水系。当我们的车从三江县的沙宜镇往北翻过青龙界到达通道侗族自治县的陇城镇时，我们看不出湖南这边的侗寨侗民与广西那边有什么不同。据说侗族多聚居在桂湘、桂黔、湘黔交界处的大山中。只因通道的侗族鼓楼和花桥为湘之最，我们想访察一番。

湖南最有名的鼓楼是马田鼓楼，位于通道侗族自治县南80千米外的坪阳乡马田村内。我们黄昏抵达鼓楼近前，它居于村中的广场（也兼打谷场）上，四周即稻田和民居，随便看，不用买票，村民也不稀奇参观者。它为上下两层共九重密檐式的纯木建筑（顶覆黑瓦），近20米高，顶檐为八角，余皆四角，角檐塑凤。远观马田鼓楼的十几根支地木柱和灰黑的楼身，颇类蜘蛛形状，据说该民族崇拜蜘蛛。古楼四周的水田还未插秧，生长着肥田用的芦灰草，粉花艳丽。楼旁石碑说是始建于清顺治年间（1644年），1948年重修，1972年定为省级文物保护单位。马田村远离主公路10千米，村中无商贸之风，民居皆为古朴的木结构，村民不冷不热，不向我们多说一句，否则我们想在村中宿一夜的。

当晚赴县城驻地的双江镇住宿，最好的下榻地为县政府招待所，双人间100元。吃的是熏黑的腊肉与当地河里的鳅鱼。翌日上午离县城，沿土石公路，溯坪坦河而上，去坪坦乡的回龙桥。路过古上村，村中有五层檐的鼓楼。又过红香村，村边田头有公共木屋，供人自由休息。这一带侗妇头饰多为黑帕，她们多能讲汉语。有的水田已开始育秧，山坡上的桐树开出淡紫大花。侗寨中的木屋也是彼此相连，横竖不拘。在黄土乡遇到一座花桥：四个桥墩，三座桥阁，中阁为七檐，余为三檐，飞檐塑兽。石碑说它叫普修桥，始建于嘉靖年间，原为石构，高为四丈，1957年以木重修，长为200步（约80米）。我们在桥上木廊阁中穿走，廊中有长椅贴栏，有关公的祭台，更多的是捐资者的木牌，多有计捐五角者。

桥边也辟有"皇都度假村"和外宾接待室。

又南行10多里才到湖南之最的回龙桥，它建于乾隆二十六年（1761年），长61米，宽5.3米，高20米，为石墩木结构伸臂式廊桥，桥廊为重檐阁楼组成。黑瓦白檐和旧木色，看上去比普修桥要古朴素洁，廊中梁柱未有雕画，皆原木之底。其桥身回弯，在水平面略呈弧形，故有回龙之名。桥下即为坪坦河，河水清浅而疾，水花银银，河岸大片芦灰花，再远就是绿山了。

鼓楼和花桥为侗族人的建筑杰作，它们以杉为材，以榫结合，阁檐重叠，形式繁美。鼓楼高伟壮丽，象征凝聚和智慧，为聚族议事祭礼圣地；花桥既实惠又显侗人的好美爱艺之心。很多侗寨的中心都为鼓楼，但我没见到鼓；和平年代，战鼓废矣。我发现侗乡很少有庙，听说侗族不专门信啥，基本为原始的多神崇拜，比如有的山甚至有的古树，都被尊为神。

通道和三江虽分属湘桂，分属长江和珠江水系，但相隔百多千米，都是侗族自治县。我们从通道赶往三江的路上，从建筑到服饰并未觉出有什么变化，都是寨子建在高坡上、以木为主的"干栏式"房屋、妇女都带一个彩边的围裙兜。

我们返到沙宜镇，又见寻江并沿之赴往三江县驻地古宜镇。县城挺大，有很多新建筑和脚手架林立的工地。一是这里地处湘桂要冲，二是寻江航运发达可直抵柳州乃至广东。寻江在此与一河汇并后又在下游30千米与都江合为融江。

从古宜沿小江北行5千米后过桥，继续沿江岸柏油路行15千米后就到了侗族最有名的花桥"程阳风雨桥"（也叫永济桥），全国重点文物保护单位的石碑赫然而立，桥头匾为郭沫若题。这是一座纯木结构（桥墩为石）五连阁廊桥，长约70多米，宽2米多，高10米，5座石墩。阁为3檐，5座阁顶风格各异，阁由廊连，廊中有民族彩绘及捐款木牌。此桥售票10元，停车5元。此带侗妇皆民族套装，围裙加彩肚兜，头饰加耳饰。有的不让照相，给钱倒可以，或买其东西。为拍照我们买一堆缀以彩塑料的花包。这桥始建于1916年，1982年被列为全国重点文物保护单位后又大为油饰修葺。它显出侗族艺术的骄傲，和鼓楼一并，给日常的艰辛与平庸带来一份风光。据说仅三江县就有不同规模的廊桥三四十座。

桥边即大片水田，有几十架水车正在吱呀车水。水车为4～8米直径的竹轮，轮圈中绑有桨片和竹筒，水动桨而竹轮转动，因竹筒角度倾斜而在最低处取水最高处出水。水车的构造和原理很朴素，能将峡中的江水抬升至高坡上的水田。河水、廊桥和缓缓转动的水车，可能与古代风景一样。只因这是旅游区，侗寨的外缘，已有先富起来的人家修的砖石小楼。

离开程阳桥已下午5点，又去往40千米以外的马胖鼓楼。它与程阳桥隔一座山，山上小路无法行车。绕行到半路，逢大雨，道路泥泞，天暗如墨，除车灯所照，一切皆黑。终于到了八江乡，又过两村，冒雨下车问路，10千米内的回答都是快到了。终到一石桥边，电闪中见河对岸有一座大的侗寨，该是马胖村。弃车蹚泥步行，水沟田埂分不清，雨在沙沙下，左边幽黑处有水流哗哗。忽又一电闪，看清前方一座多檐的高大建筑，必为马胖鼓楼。几借闪电才及近前，原来宽高有十二三米，共有九檐四角，底檐最宽，约10米多。从老乡那里买了手电，见楼之结构皆为杉木和榫卯，内壁画有不少侗乡风情。它建于近年，为省级重点文物，是广西最大的侗族鼓楼。它西侧为广场和戏台，东即高峻的河岸。当晚村中停电，在雷声中我们感受鼓楼之战鼓般威严，在电闪中领略它繁复奇妙的雄姿。雨不停，衣服全湿了，索性裸着上身，在雷雨中欢叫。当晚 10 点多才到三江县城，在夜市上喝当地米酒、谈马胖雷雨，爽！

广西的一半山地都在北部，人数比壮族还少的少数民族多在桂北，比如侗、苗、仫佬、毛南等，皆形成自治县的规模。4 月 12 号上午离三江县城，沿 209 国道南下，路遇不少以鼓楼为中心的侗寨。侗族人据说源于古越、瓯越或荆越，也就是说为长江中下游的南方人，该族多为唐以前迁徙至湘桂黔交界一带的。山地生活使其身材略矮于一般南方人；侗族无文字，语言也多依于汉语，据说国家为尊重少数民族，曾以拉丁字母为符号、以方言为语音而创立了侗文。不过靠近铁路、国道的侗族多已着汉服、讲汉语、经商贸，外表与汉族无异。

补记：2018 年 11 月底，我与"黑腾线"（黑河—腾冲线）骑旅专家孙民，由广西三江独峒，连步行加搭车，经千户侗寨的干冲村，耗 3 小时，登上三省坡（海拔约 1200 米），见国务院 1996 年立的三角水泥碑，东面为湖南，西北为贵州，西南为广西。坡下见某种矮竹和茶园，以及分属黎平洪州镇三团村、独坡乡上岩村的稻田。山梁上正开发风力发电。又经独坡乡、牙屯堡镇去了文坡村的枫香片侗寨，观侗锦工艺、听侗族大歌，与老艺人龙志銮及接班人龙凯丹等把酒尽欢。

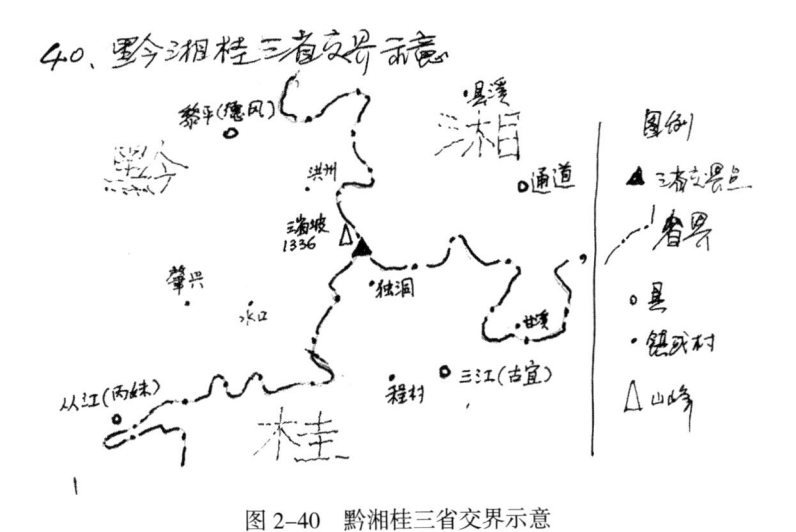

图 2-40　黔湘桂三省交界示意

41
京津冀的兴隆庄三省交界处

北京的通州区、天津的武清区、河北的廊坊市互相接壤，地处平原，多年前我们的后小组在那一带搞过两次活动。一次是人力三轮骑完北京到山东乐陵后，大家已经骑烦了，并且五人压在三轮上也太沉，后决定由老何与我骑回北京。我俩骑到武清，为图便宜找一普通旅社，老何因是美国面孔，我就让他装新疆人而蒙混过去（因当时外国人必须到指定的涉外宾馆住宿）。老何是业余自行车运动员，穿专业的骑裤、戴专业吸汗头箍，但我们的三轮车太破，他一下骑进了加油站，让发愣的加油员往车轴上加机油。骑到三省交界的桐柏时下起小雨，路边又没有卖便宜的雨衣。因为冷，须运动生热，他把三轮骑得飞快，并且蹬一小时该换我时，他嫌坐在车上更冷而坚持不换，我则盘坐在车板上把多余的衣服张成防雨之帆。

廊坊我也去过两次，是约20年前去探望在那闭关写作的狗子。记得他是住在一个破公园附近的居民楼中。先在他屋里喝，又去街上的腌臜小馆，见老板跟他很熟。他说每天写得差不多了到这是最放松的时候，没准就与邻桌聊得火热。当时廊坊为吸引京津两地年轻人，建了一条西洋建筑的酒吧街，他拉我去刚开的一家喝酒，那啤酒比饭馆贵不了多少。每次我临走，他都眼巴巴的，几乎能上了我们的车。廊坊的主城区叫安次，那一带北京的企业、学校也不少，也有我们认识的诗人。我劝他去找找，他说不找，不想把这儿再变成北京，来这就是为了孤独云云。

那个三省交界处，我早在地图上查了，就在凤河边上的小甸屯、兴隆庄附近，没有什么名胜。也打听好从北京的北京站坐公交车，可到兴隆庄西边的小甸屯。最近我们是从天津方向开车去的。过了武清的大王古庄后，不远就到了三交点附近的兴隆庄公路检查站，警察告诉我们这就是三省交界处，我问有没有一个标志，比如三角碑，对方回答没有。我们又在凤河边瞎找，也问了三个当地老乡，都说没听说有三省碑，也仅指了三个方向说这属北京、这小桥南属天津、往西那片林子属河北。查地图知这里的三省交界线曲折，桐柏、大王古庄、永乐店为最靠近界点的省或直辖市之镇。天将黑，我们在连绵的坟地、河道管理小屋、人工林等处没有找到三角碑。去永乐店，街上饭馆很多，我们找一家"最乐"的，也就是里面人多、笑声多。点了炖大鱼、五花肉白菜豆腐汤等，可惜啤酒没有太好的。又谈论些与三省交界有关的，如这一带地名多带"务"，可能是与河道管理有关，这一带并列的河道就有永定河、天堂河、凤河、北运河、潮白河等，且一律流向东南，属海河水系；如廊坊的主城区安次区，以前是县，20世纪80年代初才撤销；如廊坊像燕郊一样，行政属河北，但更像北京的一个区域。

图 2-41　北京通州、河北廊坊、天津武清的三省交界示意

42
京津冀三省交界点的大岭后三角碑

这个三交点,我们一直当成窝边草没去碰,终于有车又无聊,大风刮天晴之后,小磊、小胡、孙民及我,带上手绘图就去了。这个三省界的分属是北京平谷区夏各庄的大岭后、天津蓟州区许家台镇的大岭后及庄果峪、河北省三河市段甲岭的蒋福山。那一带最有名的是盘山,大旅游点,有缆车,我上过两次,访过古寺古塔、乾隆行宫,也知那出过有名的古琴。一次罗艺带队,后小组也在蓟州和盘山塔林附近搞过活动,如张弛对独乐寺的辽构有过研究,如狗子和小柳在塔院有过对话。还有一次,老周与我轮滑去北戴河,正好滑过了三河和蓟州。这次,从平谷经夏各庄到了大岭后村,附近的山三四百米高。大岭后村干净也清静，农家的房子都大方漂亮，据村干部说要开发旅游。我们打听三交点，得知：顺着小柏油路开1千米，见一个大铁门和护林小屋，门那边就属于天津蓟州（当时名为蓟县）；旁边的山梁上有一个三省交界碑，碑的西南就属于河北三河；爬上去需半个小时。按嘱而行，铁门南边的路就差了些，也见蓟州护林的牌子。又向护林员打听，后从大铁门外西侧的小道爬起，平均30度以上的坡度，地上也有积雪，偶尔有小树可援。气温在零下11度，风约4级，略感耳疼脸硬。小路还较清晰，注意防滑即可。升高约280米，约25分钟至山顶见碑。

碑为水泥制，高约60厘米，北书"北京"，东南"天津"，西南"河北"，并"国务院1996"及"111213 Ⅱ"。山顶有些裸露的石灰岩，或带孔洞。可望见北侧的大岭后村、东南属天津的小村而西南属河北的小村（估为蒋福山）。再远可见高楼成群的平谷，东见盘山挂月峰及古塔。略累，躺在山顶晒会儿太阳。20世纪70年代天津没扩域之前，这里没三省界，因为蓟州属河北；这三交点下有三个村都叫大岭后，北京的应该条件最好——从建筑上就能看出。我们又驱车往南穿到许家台，见到了省道，大车渐多，也见些采石后的破山。

择一家羊汤馆，羊肉40元一斤，可挑羊头肉、肚、肠等，现烙的大饼。屋内以煤球炉供暖器烧水，一个月需一吨煤（1000元）。这馆子，店与家一堂，热闹。本地口音介于天津与唐山之间。后陪小胡去独乐寺，看庑殿式的天王殿、歇山式的观音阁、攒尖式的韦驮亭等。60岁以上是半价，18.5元。也议些当时梁思成林徽因在此爬到梁上研究才确定为辽代建筑结构。也去塔院的小巷看了上覆钵下阁级式的佛塔，风铃清丽，只是天上电线麻密。蓟州之名，源自唐代，民国后改称蓟县，前些年又恢复旧名，以前此属河北，1973年才划归天津——这个滨海城市也才有了包括著名的盘山、黄崖关在内的山区。我与孙民2018年还去过黄崖关南面的京津冀三交点——三省交界碑就立在一座大型烽火台的墟址上。

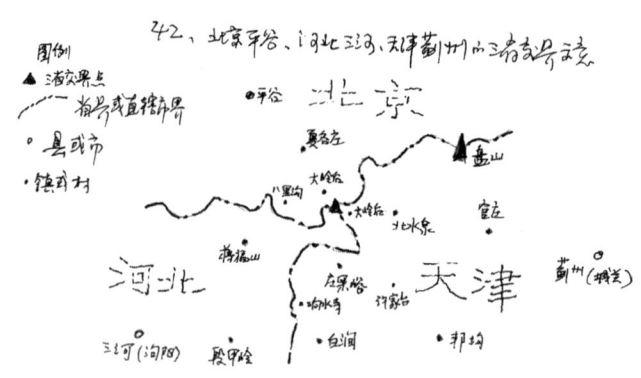

图 2-42　北京平谷、河北三河、天津蓟州的三省交界示意

第三部分

附　录

附录一
全国三省交界点示意图

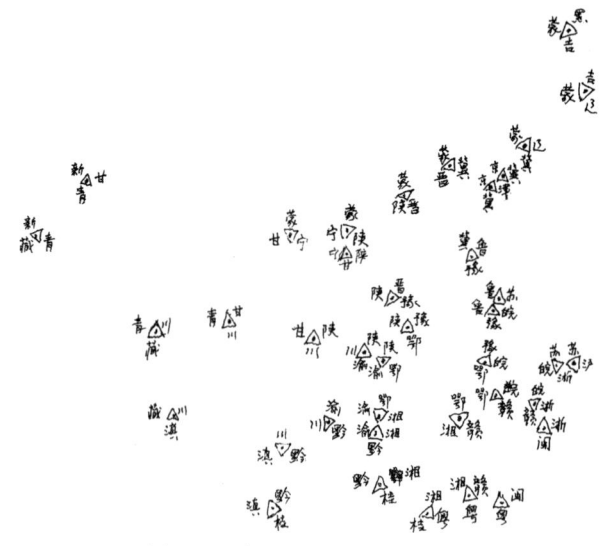

图 3-1　全国三省交界点示意图

小说明

1. 因为示意的要点是三省交界点，与国界无关，故不绘出国界，若绘出省界也干扰视线，索性只标绘出三省交界点及相应三省简称。

2. 三交点是依据标准地图，按照1:17750000的比例而拓描出，故两个三交点的距离是大致合乎比例的。比如从蒙吉辽的三交点到陕鄂豫的三交点，图上直线距离为103毫米，那么实际距离乘以17750000就是了。

3. 因河北有一块飞地正嵌于京津围中，故京津冀在那一带有4个三省交界点，但距离太近，此仅标出2个。

4. 鲁皖苏与鲁皖豫这2个三交点很近，故一般也笼统称那一带是四省交界。

5. 以蒙吉黑三交点至川藏滇三交点，有一条虚拟直线，这也是一条有名的45度平分线（有人专以此线为主题旅行），可看出中国的百分之八十的省份都在此线的东南。这条线的意味很多。

6. 我玩三省交界二三十年，当初在中国地图上找三省交界点，眼花之后，就在每个点按上一个图钉，亮晶晶，一目了然，想若有人出个这样的地图就好了。所以此幅示意图，也算模仿诸如全国金矿、全国贫困县等特题图，而为玩全国三交点的朋友草拓的——即便你手机屏幕大，也调不出整幅的全国三交点吧。也许有这样的先行者正开发这样的软件——全国的三交点→全省的三交点→距离每个三交点最近的县→最接近三交点的镇和村→三省交界碑的具体位置。

7.随着经济发展与行政管理的需要，以后的省级行政区也许会发生变化，于是这幅示意图也会过期的。读谭其骧主编的清光绪年间的全国地图，会发现除东北、华北外，所有区域的划分与今天几乎一致（重庆、海南例外），所以，三省交界点大致也是重合的。

附录二

全国有三个以上三省交界处的省份示意图（16 幅）

1. 为一目了然，只突出三省交界点及相邻的异省三县（极个别为四县），各省省会及其他市县均不标出。也因标准地图上标识麻密，寻找所需是很麻烦的。

2. 省界只绘出大概或指向，主要示意三省交界处而供旅游爱好者参考。不针对地理、行政等人士之专业眼光。

3. 即使面对地图，一般人也难确定三省界点之属县，故本示意草图所标县（除北京、天津幅）即为三省界点之属县。

4. 有两个或三个三省交界点的省份，因与有多个三省界点的省份相邻，故其三省交界点自然标示于后者。

5. 各个三省交界处的县、镇、村之具体草图，已附于前文的每节。

6. 眼花手抖，摹形不准，也有涂改处，就算我的田野草图。还望读者对照正规地图而行。

7. 我访全国三省交界处二十多年，一直寻找却未见有此类"三省交界点示意草图"，故只好先抛砖了，也望以后玩三省交界的人能扼住要点或绘得更细致。

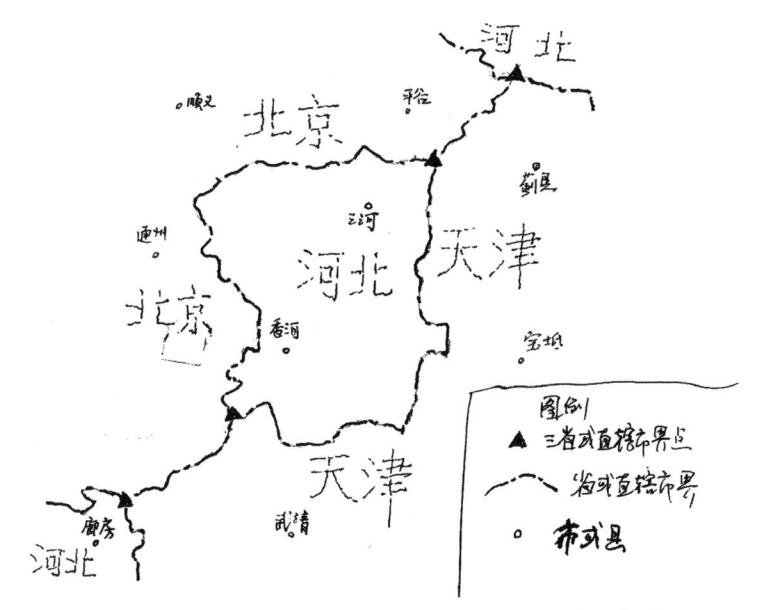

图 3-2 北京的 4 个三交点与天津的 4 个三交点示意图

图 3-3　重庆的 5 个三交点示意图

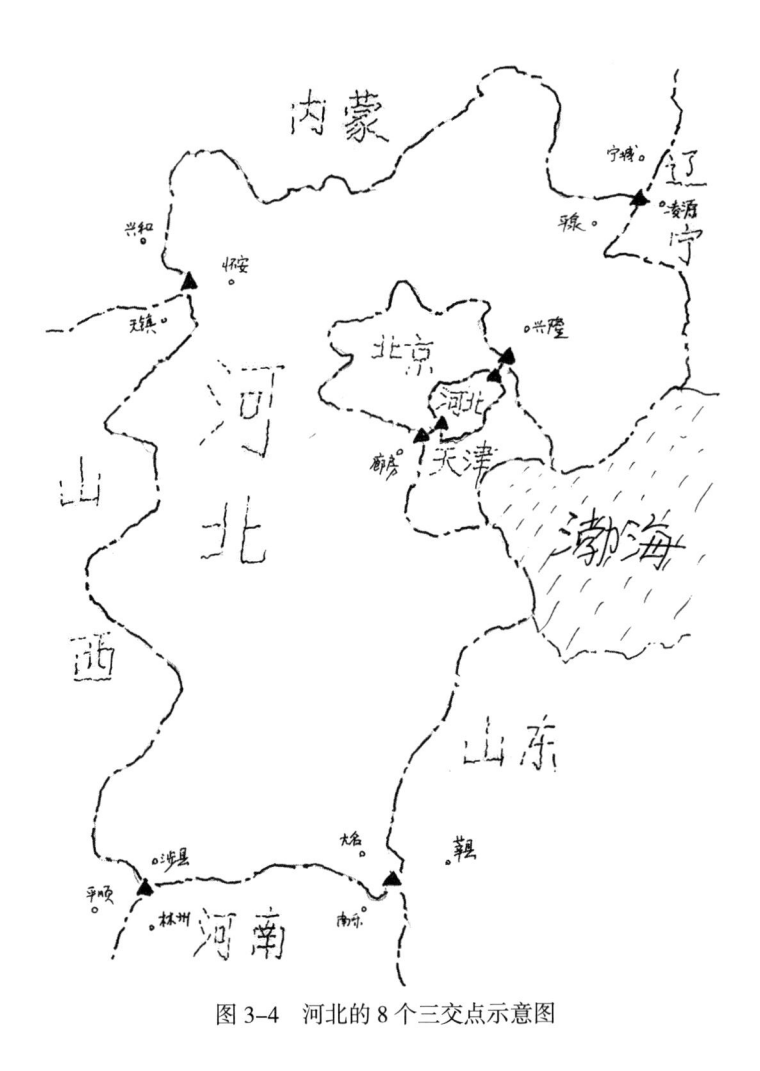

图 3-4　河北的 8 个三交点示意图

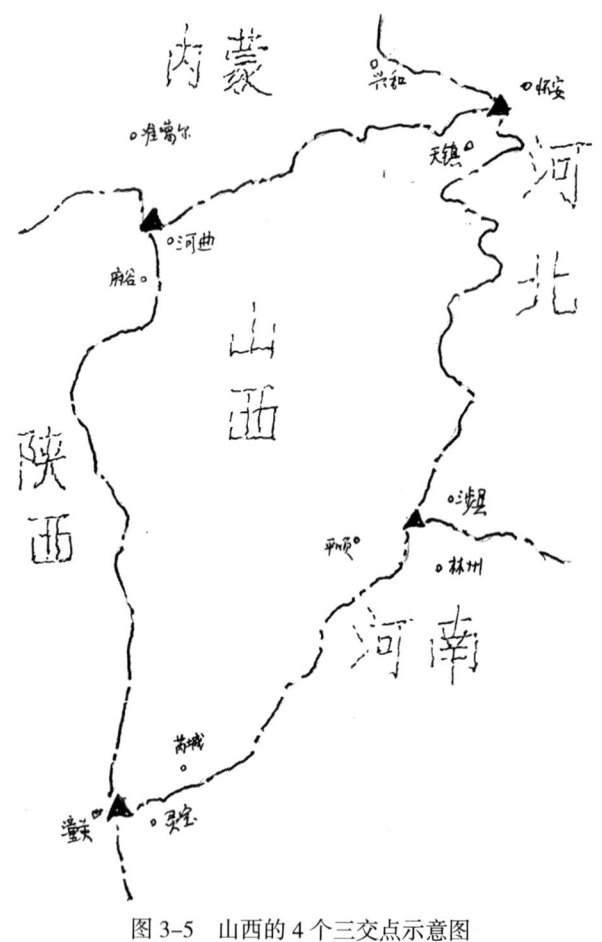

图 3-5 山西的 4 个三交点示意图

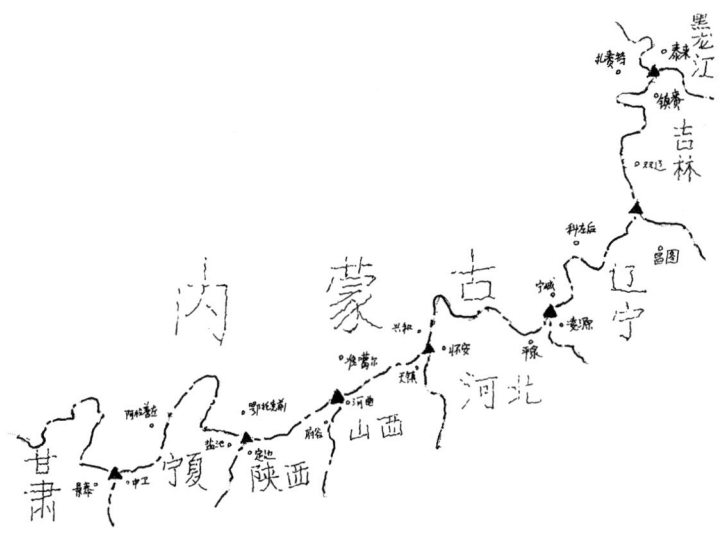

图 3-6　内蒙古的 7 个三交点示意图

图 3-7 浙江的 4 个三交点示意图

图 3-8　安徽的 6 个三交点示意图

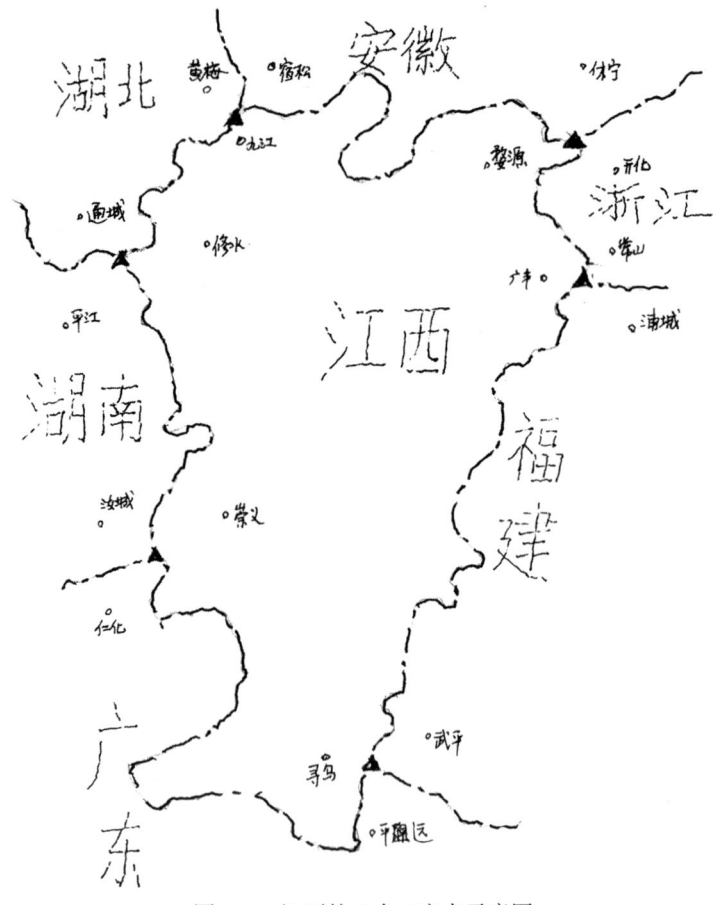

图 3-9 江西的 6 个三交点示意图

图 3-10　河南的 6 个三交点示意图

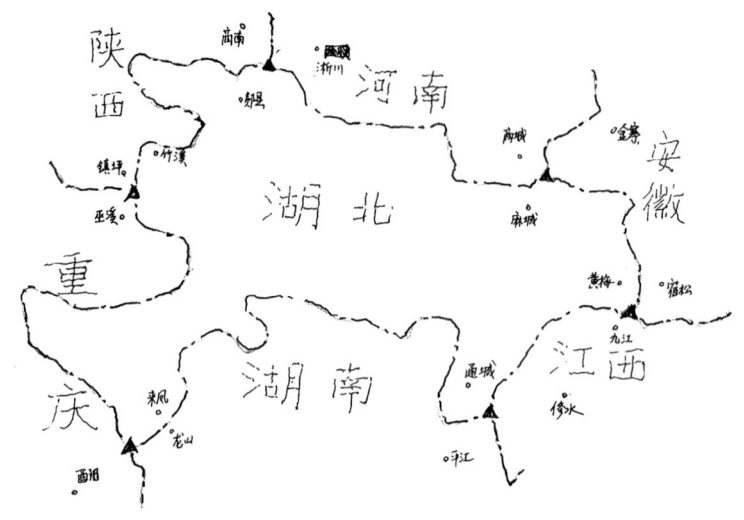

图 3-11　湖北的 6 个三交点示意图

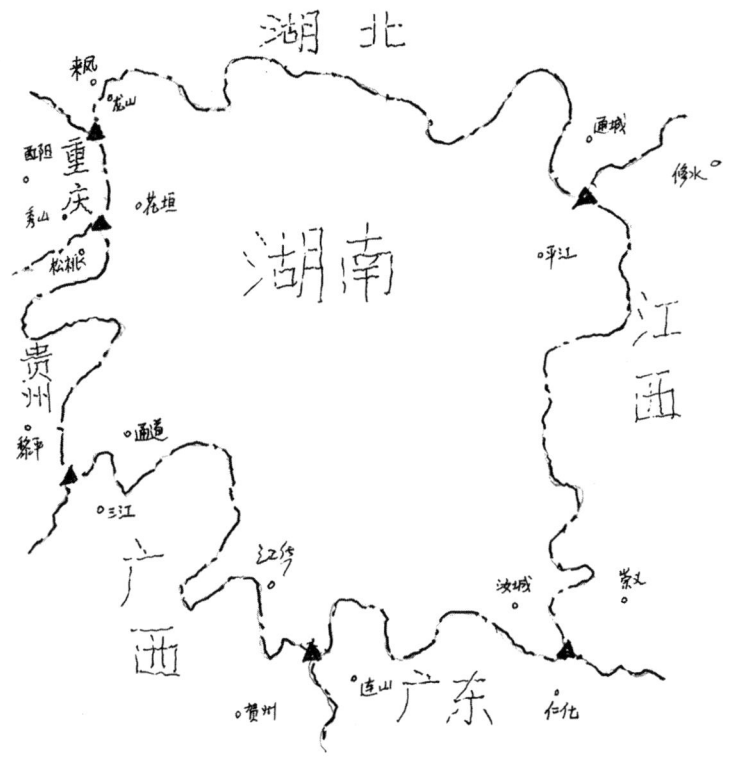

图 3-12　湖南的 6 个三交点示意图

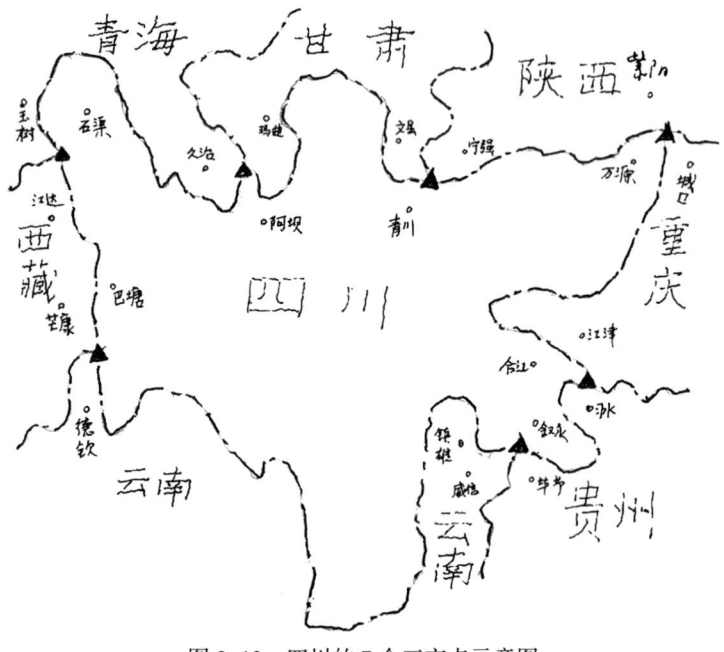

图 3-13 四川的 7 个三交点示意图

图 3-14　贵州的 5 个三交点示意图

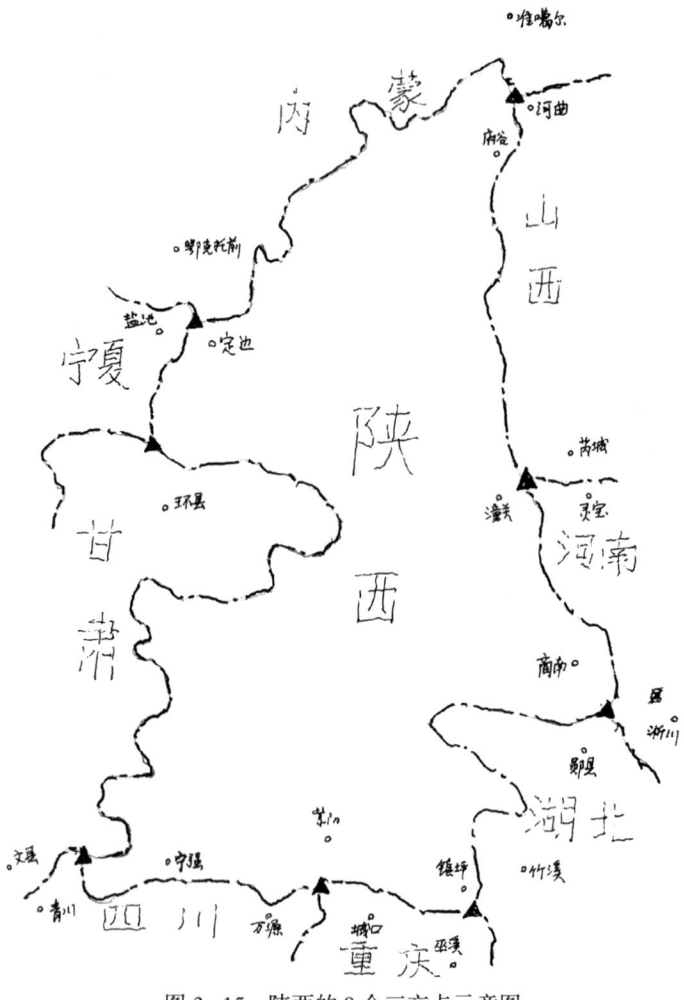

图 3-15　陕西的 8 个三交点示意图

图 3-16 甘肃的 5 个三交点示意图

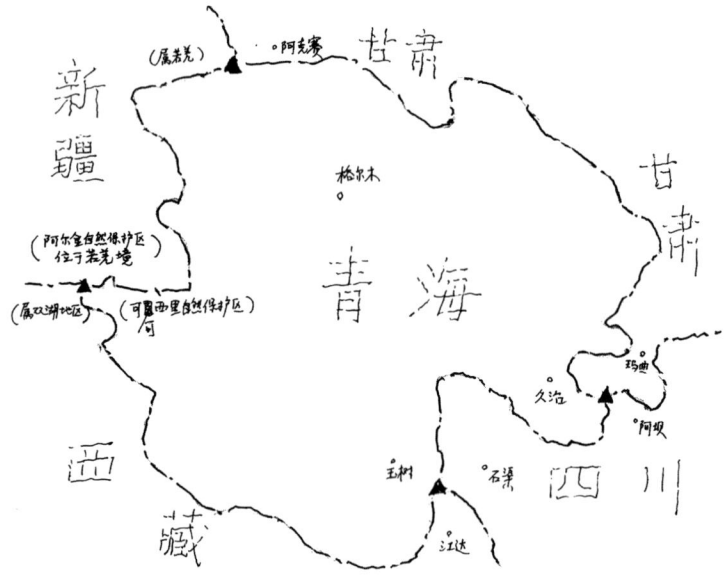

图 3-17 青海的 4 个三交点示意图

附录三
专题图（3 幅）

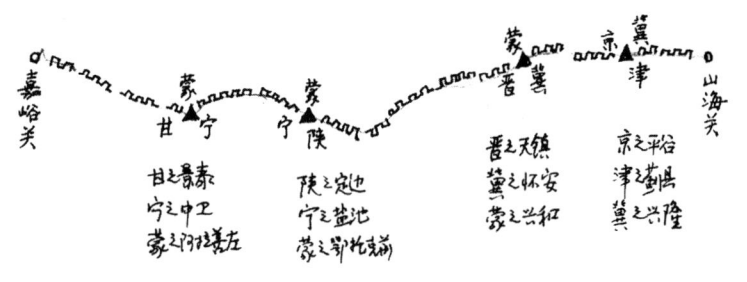

图 3-18　明长城一线三交点示意图

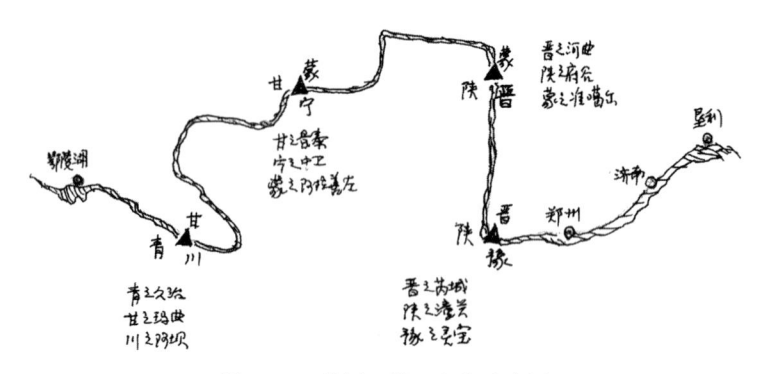

图 3-19 黄河一线三交点示意图

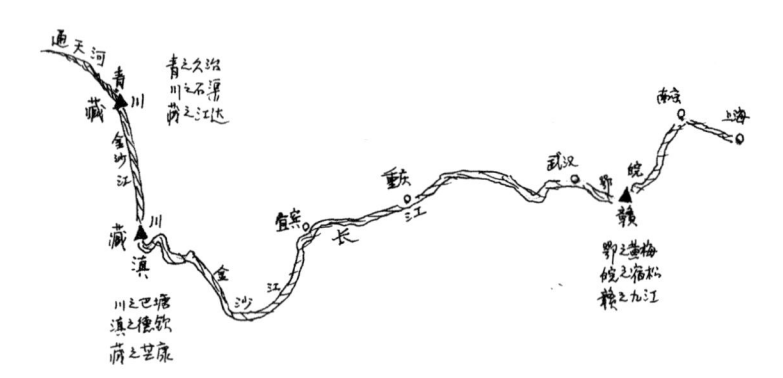

图 3-20 长江一线三交点示意图

小说明

1. 所以手绘此三幅，是为确定抑或纠正某些已有的认识。比如长江在中下游，大多时候是劈省经过而非省界；比如冀晋陕宁甘以北，基本为蒙且大致以长城为界。

2. 未见有人以此主题手绘，我图工作方便而为之，原本自用，现供爱好者参考。

3. 主要为示意，让人一眼明白。若想细察，可翻开前面每节的具体附图。另也想说明，一个主题的旅行不是不可以套上其他主题或副题。

4. 估也有专玩某系列者，如明长城沿线三省界、黄河一线三省界。也想推演其他三省交界系列的玩法，如山顶三省交界点、河汊三省交界点，甚至族别三省交界处、语别三省交界处，等等。

附录四
红军长征与几个三省交界处

1. 从湘粤桂三省交界处向桂东北挺进

红军的长征无疑是艰苦卓绝、彪炳史册的壮举，为避国民党百万大军的围追堵截，中央红军从瑞金出发，南过于都河（赣江支流的贡江），在湖南江华、广东连山、广西贺州的三省交界处，向着桂东北的湘江上挺进。11年前，我们的后小组正好在江华、连山、贺州三省交界处的大山里转了三天，不敢标榜重走长征路，但沿路听闻，后又查阅资料，对那一段的历史轮廓略有所知。

1935年10月下旬，红军突破了陈济棠的粤军防线进入粤北，在仁化、汝城（粤湘赣三省交界处）一带活动。也因为粤军为自保，在前不久与红军的谈判（地点在粤赣闽三交处的江西寻乌）中有过默契，"粤军余汉谋部并未顽强抵抗"，让红军"借道"。当时粤军主要驻守在连山、连县以北的粤湘交界，而桂军主要布防在贺州、富川以北，两军皆摆出"拒敌于外省即可"的态势。当时"追剿"红军的国民党中央军周浑元等部还远在湘赣边区"清剿"（从1935年10月中旬到11月下旬攻占兴国、宁都、瑞金、于都、会昌等地）。

中央红军由江华向永明（江永）、道县转移，翻过都庞岭，在桂西北的湘江两岸（主要在全州的脚山铺、兴安的光华铺、灌阳的新圩）与何健的湘军、白崇禧的桂军及中央军的周浑元部展开殊死搏杀，红军在损失三四万人后，终于在界首、凤凰嘴、大坪等处渡过了湘江，打破了蒋介石的第四道封锁线。

2. 在桂湘黔三省交界处的通道会议、黎平会议

湘江血战后，红军翻过桂北的越城岭，到达位于三省交界处的湘西南的通道（今通道侗族自治县）。我与孙民等朋友几次在通道、三江、黎平三县（即湘黔桂三省交界的各

县）旅行，虽不是专访红军的足迹，但在上学时的党史课里，就大概知道在通道会议和紧接着的黎平会议上，基本取消了"最高三人团"李德、博古的领导地位。

1935年12月11日，红一军团占领防守薄弱的通道县城，翌日在周恩来的坚持和张闻天、王稼祥的支持下，召开了通道会议，毛泽东批驳了博古、李德欲北上与红二、六军团（贺龙、肖克领导）汇合之策，而力主向敌军薄弱的贵州西进。因当时湘军与桂军正向红军逼来，毛泽东的主张得到大多数人包括"三人团"中的周恩来的赞同（李德半途退出会场）。这次会议的意义在于自宁都会议被剥夺军事指挥权的毛泽东，重新回到军事决策层，也因周恩来支持毛泽东，宣告"三人团"错误路线的瓦解。也可说通道会议和黎平会议是遵义会议的前奏。敌军步步紧逼，红军西进，进入一山之隔的贵州东南的黎平县。

12月14日，红一军团占领黎平，黔军周芳仁部不战而退。红三军团也跟进而至。当时整个贵州鸦片泛滥，黔军人称"双枪兵"——一把是步枪，另一把是烟枪，所以黔军实力很弱。因博古依然希望北上与湘西的红二、六军团汇合，周恩来建议召开政治局会议——即著名的黎平会议。"三人团"的李德称病缺席，博古先发言，欲北上与红二、六军团会合，但无人响应。毛泽东认为大兵压境已无法北上湘西与红二、六军团会合，只能向黔西北发展，此建议得到大多数人的同意。"三人团"的周恩来拍板，"继续西进渡乌江北上"。会议同时恢复刘伯承总参谋长的职务，撤销红八军团建制，并决定待到遵义后召开政治局扩大会议。

半个月后，红军在 1935 年 1 月 7 日占领遵义，1 月 15 日至 17 日召开遵义会议。

3. 滇川贵三省交界处的扎西会议

扎西镇是云南威信县府的驻址。红军在一渡赤水后，避过国民党的追剿，来到了威信县境。1936 年 2 月 8 日，扎西会议通过了《中央关于反对敌人五次"围剿"的总结的决议》(又称《遵义会议决议》)。会议期间，重大的人事变动是张闻天（洛甫）替换了博古的位置，这对加强毛泽东的领导意义重大。虽政治局的凯丰极力反对，但博古服从政治局大多人的意见，把象征权力的印章交给了张闻天——结束了博古自 1931 年 9 月起"负总责任"的历史。

滇川贵的三省交界处的几个县，如威信、叙永、毕节，我与朋友去过几次，那一带有20世纪初的传教士路线遗迹，更有红军长征、四渡赤水的故事。在红军长征史上提及的一渡赤水后的地方"鸡鸣三省"，就在三省交界点附近，但具体是哪个村子说法不一，一般认为是一条小河与赤水的交汇处，那有个渡口叫岔河，附近有红军过赤水的纪念标志。

红军是在土城战役失利后一渡赤水到达的威信，毛泽东在扎西会议也总结了教训并愿承担责任，并做出了不宜北过长江而应再渡赤水、重占遵义的决策。后在太平渡、二郎滩二渡赤水，终又三渡、四渡赤水，摆脱敌军的围堵，而从金沙江皎平渡进入凉山地区。

4. 从鄂豫皖开始长征又在鄂豫陕开创根据地的红25军

鄂豫皖三省交界的大别山一带，至今苏区遗迹、红军留下的故事很多。我和朋友们也曾在那一带的金寨、麻城、新县、商城旅行。知道在国民党军队的"围剿"下，这里的红25军在程子华、徐海东等领导下开始西征。部队到达鄂豫陕三省交界处，又开辟了新根据地，东到三省交界的荆紫关，西跨秦岭山区的南部。后继续西征，终于在甘肃的会宁与中央红军会师。鄂豫皖和鄂豫陕的两大片三省交界处,至今留下的红色旅游点很多,如出过几十位将军的金寨县的红军广场,出过著名将领许世友的新县,麻城西边的七里坪是鄂豫皖苏维埃政权旧址(有多处全国文物保护单位),商南县的豫陕特委遗址以及丹江两岸的红军传说——长征途中红25军开辟鄂豫陕新根据地,很能印证长征是"播种机"的说法。

5. 几点新的感觉

红军在长征中往往寻找敌人力量薄弱的地方行进,而三省交界处的山高路险"皇帝远"的自然环境,从现代旅游的角度来看,正是山水风光的佳地。长征所经过的三省交界处,如威信的"鸡鸣三省村"、淅川的荆紫关、仁化的万时山等,现在不通火车,正因为交通不便的偏僻,才有更不常见的壮景。

现在衣食无忧,像桂林山水、三亚海滩、丽江老街等那种柔软的旅游,已不能满足一般"驴友"的欲望,而条件稍微艰苦一些、有着非凡历史的三省交界处,便成了开阔眼界、净化思想的旅行选项。

我是爱旅行的人,亚历山大东征、成吉思汗西征等那种伟大的行军离咱们太远,而中国的红军长征留下的痕迹离我们很近。重走长征路,意义多重,各有所得。我听说就有一位台湾省的青年人也来走长征路,别人问他为什么,他似调侃地说:"我是沿着国民党追杀红军的路线走,想看看'国军'最后是怎么失败的。"

附录五

最难到达的青藏新三省交界处

——简述极限旅行家杨柳松穿越该处

青海、西藏、新疆的三省交界处，位于可可西里无人区与阿尔金山无人区交界处的昆仑腹地，距交界点最近的三省的县，即青海的格尔木、西藏的双湖（但三省界点的行政区划属安乡）、新疆的若羌，都远在 300～500 千米以外；青藏新三省交界处，湖面海拔也在 4500 米以上，空气稀薄。除 20 世纪 70 年代初和 90 年代有科考队及近些年探矿者的勘访，私人旅行罕有企及。

而极限旅行家杨柳松，在 2010 年的 4 月至 6 月间，在 77 天的时间里独自一人，用自行车驮给养，从界山达坂向东横穿大羌塘、经青藏新三省交界处的阿尔金走出，其间有70多天未见到人，此壮举实为世界纪录。我与杨柳松喝酒聊过，也读过讲那段经历的《北方的空地》。在此特简述他在青藏新三省交界处的见闻，以补我未能亲访之憾（我仅到过阿尔金山无人区的阿其克库勒湖）。

杨柳松（以下简称"杨"）自2010年4月20日从新藏公路界山达坂处推行重载自行车（偶尔骑行）向东经邦达错、拜惹布错、羊湖、耸峙岭雪山、朝阳湖、若拉错、多格错、仁强错，又向北，进入三省交界地带，艰险旅行已经到了第65天。

第66天：杨进入向阳湖西侧，已翻过可可西里山脉，东北距三省交界处直线距离约30千米，他将过红泥岗、围山湖、长蛇岭、桃湖（三省交界处西侧不远），北翻昆仑山去阿尔金山。见向阳湖西侧旱獭极多，也见"大量黑色火山石，与可可西里南侧火山地貌对称分布""有些呈石窝状"。因仅剩约5斤糌粑，故免去了午餐。晚上扎帐于清水河上游沙滩，帐口正对南侧的岗扎日雪山。

第67天（原书的第二十一章）：上午阴雪，走出冻土地带，连补三次车胎，后又胎破，已无料可补。以前轮前架改独轮车，但推行难以平衡，索性又拼装好两轮，推瘪胎车而行。右脚踝拉伤，夜在河谷里搭帐。还剩1公斤汽油。

第68天：鹅毛大雪，在小河沟遇独狼，3米左右拍照。午到围山湖东侧的烂泥河，花几小时推车而过。遇雹。"晚失眠很晚，想吃的"。

第69天："一整天冻得手脚发麻"。又遇大风和冰雹，失温太多，到下午5点感觉不行了，用很长时间才搭好帐篷。后每隔15分钟点一下炉子烘帐，但意识还是有些恍惚。

第70天：因冷、疲、饿，一天没有拍照。顺着河滩下往桃湖，捡到一个存些残渍的玻璃装罐头，砸碎而食，以舌剔出碎玻璃渣而吃下酸腐略有甜味的东西（估计因密封无氧而没彻底腐化）。见到了大车车辙，进入探矿边缘地带，"桃湖出现，……草茂湖绿。""小腿起满红斑，龟裂，肿胀，……"脚肿得脱不下鞋。

第71天：杨翻越了昆仑山口，"山口浑圆，海拔五千几十米"。北坡的河谷水流增大。因体温过低，提前搭帐烧炉。糌粑还剩1斤。下面将进入阿尔金无人区。

第72天：河谷平缓，杨时不时在赤脚上缠上烂草过河。遇见泡在浅水中的棕熊，拍照。沿着浅出河水的大车辙向鲸鱼湖推车而行，见山坡上两三头牦牛在吃草，拍照。"下到鲸鱼湖，……是无人区核心区域，20世纪60年代才被航测飞机发现"。看到了七彩祥云。也是这一日，因杨与朋友失联两个多月，挚友在博客上发了杨已失踪多日的"讣告"。

第73天：弃车向阿其克库勒湖而行，装备仍有15千克。又扔掉望远镜、水袋。腿脚很痛。在贝勒克湖见倒毙的藏羚羊。见了低空飞行的飞机（估为勘探）。这日，杨走了33千米，用9个小时。晚上无食，幻想美味。

第74天：上午翻阿尔喀山口，看见车辙。"进入扇形冲击河床，河侧是喀斯特地貌——这便是两百多公里的白石山"。车辙开始明显，也见矿泉水瓶、食品包装等垃圾。晚上扎营在有车辙的路上。杨今天走了11小时，36千米。未食，离阿其克库勒湖（估有人烟）还有40千米。

第75天：路好，与白石山并行。三天基本没吃东西，下午出现幻觉。捡食路边落满苍蝇的半个烂苹果，"整个荒原顿时被幸福气息笼罩"。遇见某金矿越野车。在阿尔喀山北侧探矿的黄哥捎上了杨。黄说这季节除了白水湖矿点有人，别处不会有人，碰见杨是太巧合了。上车后杨蹭烟又干嚼方便面，连调料也全部含食掉。又往风尘口达坂，在第77天到达了石油小城花土沟，算彻底走出荒原，完成此行。后身体浮肿了一个月。

以上我的简述或摘录，以三省交界处的地理信息为主，书中富有思想的表达很多，艰难超绝、求生技能更不少。我因15年前随地质队科考，也去过阿其克库勒湖、白水湖、月亮河一带，但未像杨更接近过三省交界点。

附录六
以河流为界的三省交界处

仁者乐山,智者乐水。以河流为界的三省交界处,我去过不少,兹简列如下,供好之者参考。

金沙江处的川滇藏三省交界。三省区分辖的县为得荣、德钦、芒康。从竹巴笼沿金沙江东岸往南至昌波乡有较好的公路,或从德钦往北到羊拉乡也有公路,都可接近。江峡壮丽。

太浦河处的苏浙沪三省交界。三省分辖的县(市、区)为吴江、嘉善、青浦。河为黄浦江至太湖的人工河道,宽约200米,航运繁忙。去此交通极便。

黄河处的晋陕蒙三省交界。三省分辖的县(旗)为河曲、府谷、准格尔。沿黄公路所经，交通极便。居此可观河峡、山峦及长城。

黄河处的晋陕豫三省交界。三省分辖的县为芮城、灵宝、潼关。到灵宝的杨家村或潼关的沙坡村，徒步500米可至界碑。

酉水处的鄂湘渝三省交界。三省分辖的县为来凤、龙山、酉阳。那一带有交通船。峡谷有滩，风光峻丽。

黄河处的甘青川三省交界。三省分辖的县为玛曲、久治、阿坝。那一带的大草原、黄河大拐弯等，景色广阔。

沅江支流花垣河处的黔渝湘三省交界。三省分辖的县为松桃、秀山、花垣。交界处的小镇原名茶峒，今为旅游改名边城，因沈从文而闻名。

通天河、金沙江交接处的青藏川三省交界。三省分辖的县为玉树、江达、石渠。有高原峡谷。

长江处的鄂皖赣三省交界。三省分辖的县为黄梅、宿松、九江。交通方便，可从九江坐车去三省界处的江洲（属九江县，位于长江中）。

赤水处的川黔滇三省交界。三省分辖的县为叙永、毕节、威信和镇雄。当地的三岔河，实为三省四县交界处。江山壮丽，多红军故事。已开发旅游。

南盘江处的黔滇桂三省交界。三省分辖的县为兴义、罗平、西林。三交处有黄泥河汇入南盘江。已开发旅游，可乘船观赏三省交界处的河峡风光。

黄河处的甘蒙宁三省交界。三省分辖的县（旗）为景泰、阿拉善左旗、中卫。有黄河、沙漠、崇山这三重风光。

东辽河处的辽吉蒙三省交界。三省分辖的县（旗）为昌图、四平、科尔沁左翼后旗。交界点在三江口镇，但辽河水流很小。可观平原农业风光。

再闲说几句。以河或山为界，自古有之。以山为界者，只要不很艰辛，爬至交界点，可骄傲地说"我走过了三省交界点"。但以河流为界者，若想一脚踏三省就有些麻烦了，因为严格来说，三省交界点往往在主河道的中央。我曾采访过搞泅游探险的两个人，他们游过金沙江的两个三省交界点。有的以江为界的三省交界处，是有渡船的，比如在宿松、黄梅间的长江岸就与九江县江洲有船可渡，比如滇黔桂处黄泥河入南盘江的地方也有游船。但不少三交处的河岸没有渡船，比如灵宝与潼关在黄河南岸，对岸是三交县之一的芮城县的中基村。一船踏三省，已成新的旅游项目，比如在晋陕蒙三交处。

  我的亲身经历是，在岸边或河上感受三省交界不如在山巅感受到的更阔达、更舒远、更有鸟瞰感——"会当凌绝顶，一览众山小"嘛。现在旅游也现代化了，在潼关的港口镇，可乘直升机俯瞰三省交界处的山川和古关。我舍不得花钱，是在大比例的地图上模拟这种享受的——这当然也包括对最难到达的青藏新三省交界处的俯察。

后　记

　　这本书一出，就过时了，不仅指它的信息是几年前甚至十几年前的，因它更接近一册体力劳动的记录，而我最欣赏的书是充满思想智慧的那种书或硬实的工具书。好在三省交界的专著还是个空缺，我的这个旧幌子是为了招来能者的新鲜货；或者它是一个稻草人，为的就是吸纳有价值之箭。所以，谁越批评指正，我就越赚。

　　约 18 年前，我就忽悠朋友们陪我玩三省交界，到 2018 年已经有近百人次——弄假成真了或者说做作成自然了。值此，我得数数诸友的损失。

　　西恭女士，陪我旅行至少报废了 3 台车（西藏翻车一次）、突出了两三节腰椎间盘。

　　罗艺，这个游过琼州海峡、徒步穿越塔克拉玛干沙漠、登过珠峰的"大三铁",免了我6年啤隅斋房租。

孙民,约20次陪我行三交苦旅,随叫随到地陪我喝啤酒,忙得20年没再娶,自己的专著《万里黑腾线》都耽误了。

吴天晖,给我打字、陪我喝酒占用他挣钱的时间,又怂恿他搞三省交界而花很多次餐费。

哲学陈教授,几次出资让我组织休闲,我却领大家去受三交旅行之苦,尤在青海久治县的年保玉则神山令这老人蹚冰河、睡地铺。

孙磊,占其杂志版面强行介绍三交多次,不光不给广告费还索稿费,至其杂志倒闭而失业。

张凯来,多次假惺惺邀他赴三交之旅,而他只出经费,其面薄不好意思手机换号。

张汉行,多次陪我和孙民玩三交,"提高了整体的食宿水平",误了仕途。

龙凯丹,湘黔桂三界处的侗族姑娘,传统侗艺接班人,因我盛赞,其长辈让她当我干孙女,这得费多少侗寨的鸡鸭锦绣呀。

王胜华,抱车祸残疾之身几次参与三交之旅,致使其啤酒花基地废掉,已是大龄青年仍无钱无婚。

我是一个诗人,却没出过诗集,多年来出的最多的就是这种无须才华的游记或曰跑腿记,这似乎是个讽刺。但我的骄傲诗心渐渐磨没了、平和了,"对,我就写这种说明文呗"——有一天我意识到这一点,倒是挺安静的。我已不在乎说明文不属文学,挺好,就算以后有"说明文协会",也应是劳动者协会下属。

我与出版社的杨虚杰女士和"自然笔记"的空错先生素不相识,他们却力促我这种跑腿类的说明文出版。上一册是《北京千米以上山峰手册》,这回又是三交的书。看来只要说说别人还没怎么说的物事,你的劳动就会有些意义,哪怕我这说明文并没有说得太明白。

我的朋友——顶级旅行家刘雨田、罗艺等,没出书,他们告老后的晒太阳或陪孩子就显得淡宁,他们看透了,出不出书差不太多。我可没那么高境,我觉得得"时时勤拂拭";三省交界,刘、罗也去过不少,却述而不著,那这些零碎的事我来干呗,因为我的虚荣心还没用完。荷尔德林说,我们每个人走向和到达所能到达的地方。我到达了三省交界,当然谈不上他说的"诗意的栖居",但我还是有小人物的得意。

2019 年元旦

补记：

　　这书若蒙出版，除了虚杰老师最初的提议和鼓励，还离不开中国科学技术出版社的支持，尤其是鞠强先生的精致操作（上次的《北京千米以上山峰手册》之名就有其点睛作用），我相信他的地质和地理乃至天文的专业能力和为读者、为作者、为博物学的编辑眼光。拙稿舛误颇多，为确定无误，他广查资料，深究原委，与其说是编辑，不如说是校订，工作量巨大，他至少已成为知识上的三交专家，对我这个跑腿者，补益不小。空错先生上次给我的《北京千米以上山峰手册》写序后，又继续以旅与思向知行合于心而迈进，视野既更扩然，给全国范围的三交之拙著再序，也是顺然的。更多的人访三省交界，岂止是旅游休闲、博物致知，也不仅是仁者、智者的山水之选，它将随着旅行者或访察者个人的能力，令深者愈深、广者愈广。本人先抛出一个简陋草本，期待专家和旅行者推出更丰富扎实的"三交学"雄文。

阿坚
2021.1.18
于北京石景山古城